16	3	2	13
5	10	11	8
9	6	7	12
4	15	14	1

coleção TRANS

Stanley Cavell

ESTA AMÉRICA NOVA, AINDA INABORDÁVEL

Palestras a partir de
Emerson e Wittgenstein

Tradução
Heloisa Toller Gomes

editora 34

EDITORA 34

Editora 34 Ltda.
Rua Hungria, 592 Jardim Europa CEP 01455-000
São Paulo - SP Brasil Tel/Fax (011) 816-6777

Título original:
This New Yet Unapproachable America

Capa, projeto gráfico e editoração eletrônica:
Bracher & Malta Produção Gráfica

Revisão técnica:
Bento Prado Jr.

Revisão:
Magnolia Costa Santos

1ª Edição - 1997

Catalogação na Fonte do Departamento Nacional do Livro
(Fundação Biblioteca Nacional, RJ, Brasil)

Cavell, Stanley
C39m Esta América nova, ainda inabordável / Stanley Cavell; tradução de Heloisa Toller Gomes. — São Paulo: Ed. 34, 1997
160 p. (Coleção TRANS)

Tradução de: This New Yet Unapproachable America
Bibliografia

ISBN 85-7326-075-0

1. Filosofia. I. Gomes, Heloisa Toller. II. Título. III. Série.

97-0138 CDD - 1(44)

ESTA AMÉRICA NOVA, AINDA INABORDÁVEL
Palestras a partir de Emerson e Wittgenstein

Para Claude Esteban
e em memória
de Denise Esteban

UM TRABALHO EM ANDAMENTO: À GUISA DE INTRODUÇÃO

Ao saber, pelo convite do Departamento de Inglês da Universidade de Chicago para proferir uma série de palestras ("Carpenter Lectures"), que não se esperava de mim a apresentação de um livro acabado, mas sim que havia a expectativa do confronto com uma obra em andamento, vi-me na circunstância de pensar com mais insistência do que nunca sobre o que é um trabalho filosófico e o que constitui o seu progresso, o seu andamento.

As idéias que intitulam as palestras que se seguem ("Declinando do declínio"[1] e "A descoberta como fundamento") são duas formulações de trabalho filosófico em andamento — "tarefas" filosóficas, eu as chamo, elas e outras, ao final da segunda palestra. Na primeira palestra, defino como trabalho filosófico aquilo que Wittgenstein tem em mente, ao falar em "levar as palavras para casa" — trazê-las do sublime, de volta à nossa pobreza; na segunda, refiro-me ao que Emerson quer dizer com caminhar, durar, fundamentar, realizar uma sucessão, tudo isto surgindo da imagem que Emerson faz do pensar, ou melhor, de encontrarmo-nos a nós mesmos, como num caminho, antecipando assim preocupações tanto de Wittgenstein como de Heidegger. Emerson resume o trabalho filosófico em andamento em "Experience", dando a seguinte imagem da sabedoria: "Concluir o momento, encontrar o fim da jornada a cada passo do caminho, viver o maior número de horas boas, é sabedoria".

Os caminhos que principiam ou terminam no trabalho dessas palestras me aparecem, ao completar tanto quanto possível a revisão

[1] Assim traduzimos a expressão *declining decline*, que envolve jogo de palavras. *Decline*, declínio, remete à idéia de decadência, enfatizada na obra de Spengler *A decadência do ocidente* (*Der Untergang des Abendlandes*), que é referência essencial nas reflexões de Wittgenstein sobre a cultura, examinadas aqui por Cavell. *Declining* tem também o uso, mais raro, de recusa, recusando. Em português, declinar de... significa justamente recusar. Trata-se, enfim, da idéia de criticar (ou de afastar-se de) uma cultura decadente ou declinante. (N. da T.)

lendo suas provas, sob um claro céu de julho, sentado numa varanda à beira-mar com vista para o porto de Santa Cruz, na Califórnia, onde, com cinco ou seis colegas e cerca de outros vinte professores mais jovens — atraídos uns pelos outros, sem dúvida, mas fortemente estimulados pelo clima — participo durante um mês de um Instituto de Interpretação patrocinado pelo National Endowment for the Humanities. Como base para as discussões previstas em torno de meu trabalho indiquei, naquilo que espero ser uma versão quase definitiva, minhas três "Carus Lectures", apresentadas nos encontros da American Philosophical Association (A.P.A.) no último mês de março, intituladas *Conditions handsome and unhandsome*, registrando fontes comuns entre aquelas três palestras e essas duas de agora, com o título *Esta América nova, ainda inabordável.* Ambos os títulos são expressões tiradas ou adaptadas do ensaio "Experience", de Emerson. Também trouxe comigo as provas de outro volume de palestras minhas, *In quest of the ordinary: lines of skepticism and romanticism.* Esse acúmulo, para mim até agora inédito, de releitura de manuscritos para impressão aumentou-me o desejo habitual de ser culturalmente menos limitado e também a ansiedade habitual que se tem quando um trabalho é preparado para publicação. Essas sensações foram ainda intensificadas, ou condensadas, em razão de três incidentes em Santa Cruz — nenhum dos quais parecera então especialmente marcante. Os dois primeiros foram parte daquela série infinita de confrontos que semanas de discussões com o mesmo grupo tendem a produzir; o terceiro foi o início de minha leitura de *The literary absolute: the theory of literature in german romanticism* — a recente tradução para o inglês de *L'absolu littéraire* (1978) de Phillipe Lacoue-Labarthe e Jean-Luc Nancy, um dos poucos livros que escolhi, naturalmente no último momento, de uma ambiciosa pilha de possibilidades e necessidades, para levar à Califórnia, como ajuda na organização de meus pensamentos para o reinício das aulas no outono.

A primeira das duas discussões em Santa Cruz foi aquela em que Hubert Dreyfus apresentou "A origem da obra de arte" de Heidegger, advertindo de saída que aquilo que Heidegger chama obra de arte ("deixar a verdade acontecer", segundo ele) não é encontrável em tudo o que chamamos obras de arte e, além disso, pode ser encontrado em coisas que não chamamos obras de arte. (Embora isso seja obscuro, vale a pena prosseguir um pouco com o pensamento nesse sentido dada sua oposição ao que é, acredito eu, a atual visão reinante

— entre filósofos? entre críticos? — de que tudo e qualquer coisa e nada além do que alguma "comunidade" chame — ou institucionalize como — arte — ou "obra de arte"— seja arte.) Dreyfus mencionou, entre outros pontos, que para Heidegger os pensadores também fazem o trabalho de deixar a verdade acontecer. Numa intervenção, eu disse que alguma coisa desse tipo em minha leitura de Emerson me sugerira um encadeamento de perguntas: Isso significa que arte e filosofia (e o que quer mais que execute esse "trabalho") seriam agora idênticas? Então Heidegger está propondo que o destino da filosofia esteja ligado (agora? novamente?) ao destino da arte? E a nossa relação com Heidegger, é (ou deve ser) a mesma que temos com a arte? Como devemos compreender um (este) trabalho à medida que é realizado *nesse* texto (de Heidegger)? O trabalho de seu texto diz e/ou mostra que em sua obra é a da filosofia e/ou da arte? Heidegger não é consistentemente cuidadoso em negar que a poesia e a filosofia são idênticas? (Ele preocupa-se em negar que religião e filosofia sejam a mesma coisa, presumivelmente considerando que a filosofia é incapaz de reconhecer a religião — do modo como essa opera — como algo que propicia o aparecimento da verdade, digamos, por autoridade ou revelação. Então, a filosofia pode reconhecer o trabalho da política — e em que medida definimos a maldição de Heidegger ao dizer que ele assim percebeu a política — como propiciadora do aparecimento da verdade?)

Na outra passagem das discussões que tivemos — esta, sobre minhas "Carus Lectures" —, Richard Rorty observou que eu, como muitas pessoas hoje em dia, estou engajado num processo de recanonização, promovendo certos textos e rebaixando outros. Fazer isso, prosseguiu Rorty, é bom; mas estar sempre preocupado se alguns dos textos que promovo são filosofia ou algo diferente (digamos, literatura) é desnecessário; ou melhor, é preocupação para chefes de departamentos universitários. Balbuciei, alegando que há modos diversos de preocupação e que não estou basicamente interessado em listagens de textos, mas sim nos processos que levam a descobrir e a adotar um texto — decerto, segundo os meus interesses. (Então é aí que surge a preocupação desnecessária? Mas, que me conste, meu chefe de departamento não está preocupado quanto à fonte e à constituição de meus interesses. Embora eu esteja.) Teria sido útil acrescentar que aquilo que me interessa, numa obra, é o que ela revela ser, deixa ocorrer, valoriza, e que isso não se deixa determinar pela forma como um chefe de departamento, ou qualquer outra pessoa, decida classificar textos e, assim, investir neles?

É aqui justamente que entra *L'absolu littéraire*, com a proposta prática de basear sua descrição filosófica do romantismo (literário) alemão fundamentalmente em doze textos (e de incluir traduções desses textos — omitidos na versão inglesa) que apareceram nos seis números da revista *Athenaeum* (ou estão intimamente associados a eles), publicados nos anos 1798-1800, por iniciativa de Friedrich e August Schlegel. É desagradável ter que admitir que, apesar de todas as liberdades que tenho tomado na minha formação, nunca consegui ler a maior parte desses textos. Entretanto, com certeza eu havia visto, à margem de alguma caracterização daquele período da literatura e do pensamento alemães, o aforismo de Friedrich Schlegel: "Toda a história da poesia moderna é um comentário contínuo sobre o breve texto filosófico que se segue: toda arte deveria tornar-se ciência e toda ciência, arte; a poesia e a filosofia deveriam tornar-se uma só".

A idéia de que o romantismo invoca uma nova relação, uma espécie de união ou de trabalho em comum entre a filosofia e a literatura, orienta minhas observações sobre o cruzamento de romantismo e ceticismo, em *In quest of the ordinary*. É uma idéia que derivei dos textos que escolhi como definidores do romantismo, em minhas reflexões naquele momento — textos de Coleridge, Wordsworth, Emerson e Thoreau, sempre associados a um modo de trabalhar com certos textos de Heidegger e de Wittgenstein, que parecem mostrar a filosofia agora como sendo (possível enquanto) uma continuação do romantismo. Haverá algo de interessante ou útil a fazer da minha tardia ignorância de outrora do *Atheneum* de 1798-1800, os anos da primeira e segunda edições de *Lyrical ballads* de Wordsworth?

Ao ler agora as palavras de Schlegel sobre a fusão da poesia e da filosofia, vem-me à lembrança um momento, em meus primeiros anos de magistério, quando um dos mais eminentes professores americanos de filosofia, num encontro de colegas, observou: "As pessoas dizem que a Igreja é una. Uma o quê?"[2]. É o tipo da piada ameaçadora que ornamenta o amigável intercâmbio filosófico em nossa cultura. Esse

[2] No original, lemos: "People say the Church is one. One what?", que implica um trocadilho intraduzível para o português, que dispõe das expressões uno, una para marcar a função adjetiva, por oposição à função do artigo indefinido (um, uma), ambas desempenhadas em inglês pela palavra one. (N. da T.)

professor declarou, em ocasião semelhante, que há apenas três maneiras de se ganhar a vida honestamente na filosofia: aprender línguas e realizar trabalho acadêmico; aprender matemática o bastante para trabalhar com seriedade em lógica; ou fazer psicologia literária. Embora essa última possibilidade tenha sido oferecida — não estou julgando seu grau de ironia — em deferência a meus aparentes interesses, sei que não achei graça nenhuma. Era, então, o final da década de 1950, quando o reinado incontestado do positivismo lógico, na tradição avançada da filosofia de língua inglesa, estava ainda por acabar, e havia ainda muitos filósofos profissionais a quem a revolução positivista tinha convencido, a seu modo, do fim da filosofia, mas para quem, como sucede com certas pessoas em todas as revoluções, a convicção chegara tarde demais em suas carreiras, segundo pensavam, para recomeçarem em outros territórios. Parece-me que Rorty e eu compartilhamos de alguns desgostos diante de certos esforços impuros de instituições de educação filosófica para manter o currículo filosófico puro. Suponho que observações como "a poesia e a filosofia deveriam tornar-se uma só" em si mesmas não teriam bastado, mesmo nos meus tempos, para expulsar alguém da maior parte dos programas de pós-graduação em filosofia; mas a presença de tais observações, se feitas a sério, como uma ambição presente, tampouco teria sido aceita no horizonte de uma tese de doutoramento. À maneira de órgãos inativos, tais idéias podem inflamar-se, tornando-se ameaçadoras à própria vida.

Penso em sensibilidades filosóficas talentosas, desencorajadas a perseverar em seu amor pela filosofia em razão do desinteresse ou incapacidade de enfrentar a desaprovação institucional. (Será que estou romantizando? Às vezes sinto que nesses casos exprimiam-se menos os talentos reprimidos do que sua reticência ou incapacidade de proteger a si próprios. Tal descrição sugere que me ressinto mais deles do que de seus detratores. Mas sinto-me mais tolerante, também.) Eles não estavam entre aquelas pessoas convencidas de que a filosofia havia acabado — exceto talvez nos departamentos profissionais de filosofia. Outros, ainda, foram salvos pelo que viam como sendo a realidade atual da filosofia, ou sua promessa, buscando um cânone diferente de textos, bandeando para outros departamentos ou profissões. Será possível distingui-los, pelos textos que cada um veio a ler? Certos textos podem tornar-se ilegíveis para alguns, fóbicos. Diríamos que tal pessoa não deseja verdadeiramente esses textos em seu cânone? Ou suponhamos que alguém tenha persistido em seus pensamentos sobre poesia e filosofia conforme expressos nas palavras de Schlegel, com o forte desejo de uma dieta filosófica transformada. Mas certos textos e formas de lê-los permanecerão reprimidos — o que quer que se tenha integrado a algum cânone aceito, há textos e formas de leitura que reprimo em mim mesmo, sob desaprovações que não posso nomear, dada a própria natureza da repressão. Em que medida é possível ser cuidadoso na escolha dos cânones para uso próprio, ou em sua revisão? É tão traiçoeiro quanto deixar, ou não, alguém dividir responsabilidades com você. Se a "recanonização" é para ser vista como uma alegoria da retirada da repressão, isso precisa de maiores especificações do que tal gesto me sugere.

Comecei a ler os textos associados ao *Athenaeum* como se eles me tivessem sido proibidos. É claro, isso pode ser uma desculpa para ignorância pessoal ou preguiça intelectual; ou, numa escala mais pública, para o atraso americano; ou, numa escala mais cósmica, para preservar os ciúmes obsoletos da filosofia. Em todo caso, abre-se para mim a questão do que alguém se dispõe a ler; o que é uma forma de dizer, a questão do currículo. A idéia da recanonização parece subtrair da idéia de um currículo o aspecto da preparação. Então, deveríamos considerar que a preparação, ou um programa de estudos, tende a ser razoavelmente definido para uma ciência (exceto num período de crise), mas se define apenas de modo preconceituoso para a filosofia (e, portanto, para todo o campo das "humanidades"?), o que sugere que a filosofia e as humanidades existem em estado de crise. Em outras palavras, não há dúvidas (exceto em crises) de que aquilo que as instituições de educação científica ensinam é ciência; mas, com as instituições de filosofia, há a interminável questão de decidir se tudo ou parte do que ensinam é filosofia.

Foram os professores mais jovens do nosso grupo em Santa Cruz, não os demais colegas, que tentaram diversas vezes levantar esta excelente questão: até que ponto os termos de nossas discussões estavam sendo ditados pelas condições de funcionamento do nosso próprio Instituto (em lugar de serem ditados pelo quê mais? — nossos próprios interesses? — isso não ficou claro). Talvez sentissem, como eu às vezes certamente sinto, que um certo grau de liberdade em relação ao jargão disciplinar traz o perigo de ser capturado por algum dialeto de "interdisciplinês". Penso aqui no caso que Kurt Fischer uma vez me contou de um professor alemão de filosofia, profundo conhecedor de uma centena de textos filosóficos clássicos, que veio ensinar numa pequena faculdade americana e logo descobriu que suas palavras e paixões filosóficas naquelas salas de aula tornavam-se ininteligíveis para ele próprio, não apenas inúteis de expressar mas vazias para o pensamento. Aqueles que porventura considerem isso um bem potencial, devem experimentar algumas viagens feitas a sério. E penso no final do Prefácio de *Scepticism and animal faith*, de Santayana: "No passado ou no futuro, minha linguagem ou meu conhecimento adquirido teriam sido diferentes, mas qualquer que fosse o céu sob o qual eu tivesse nascido, uma vez que é o mesmo céu, eu teria tido a mesma filosofia". Distante de versões recorrentes de relativismo moderno que, de formas diversas, possam questionar a idéia de "o mesmo céu", o que me intriga — ao lembrar nossas trocas de idéias sobre currículos e instituições — é saber se existe algum céu que continue sendo um abrigo para a filosofia. Santayana, em suas circunstâncias, era extremamente exigente quanto a onde se situar. Mas quais são agora os ambientes promissores para instituir a filosofia?

Foi em tal estado de espírito que li os capítulos iniciais de *L'absolu littéraire*, com sua ênfase na dialética romântica alemã entre o fragmento e a obra (esforço de completude, perfeição) e na problemática, derivada do legado de Kant, da apresentação (*Darstellung*) da obra filosófica e poética, em que a obra (de arte, ou o que poderia sucedê-la) liga-se à preocupação alemã com *Bildung* — educação, cultura, constituição. Por menos que eu goste de expor minha educação em público, ainda gosto menos das alternativas que tenho visto. Assim, proponho continuar a partir de uma passagem (ou de um som) que quase todo americano terá lido (ou ouvido), do ensaio "The american scholar" de Emerson.

> *Esta revolução [nas aspirações humanas] deve ser forjada pela domesticação gradual da idéia de Cultura. O principal empreendimento do mundo em esplendor, em extensão, é a construção do homem. Aqui estão os materiais, espalhados pelo chão.*

É notável constatar a extensão, ou a condensação, dos temas do *Athenaeum* nessas poucas palavras. (Não tentarei dizer, nem creio que me importo com isso agora, se a ligação vem da leitura feita por Emerson dos românticos alemães, de suas fontes, ou de seus epígonos.) Com a pressão que a palavra "revolução" põe em "Cultura", e o desdobramento da idéia da obra em "forjar" e "empreendimento", a "construção" de Emerson, na expressão "construção do homem", virtualmente anuncia *Bildung*.

A observação procede, se nos leva a considerar que quando Emerson fala em "chão", em "Aqui estão os materiais, espalhados pelo chão", tal palavra deve receber o peso, o lugar, ou o poder de deslocar a idéia filosófica de chão ou fundamento. Esse deslocamento constitui a cena ou o trabalho do progresso filosófico no ensaio "Experience", onde o progresso da filosofia é chamado "sucesso" — sem ironia, mas sim com transfiguradora seriedade. Já que em "The american scholar" Emerson apresenta a célebre passagem "Eu não reivindico [...] o romântico", invocando assim o romântico como algo com que seu apelo poderia ser confundido, somos convidados a pensar que os "materiais espalhados pelo chão" podem sugerir fragmentos ou ruínas, sob a forma, por exemplo, das palavras que restaram das batalhas da filosofia. Mas a melodia de Emerson persiste em sua contínua recusa de uma busca romântica, ao dizer "Eu abraço o comum", expressão que poderíamos associar ao desdobramento de "chão" em "materiais" e que enfatiza assim não apenas o chão sobre o qual a filosofia (revolução, domesticação, Cultura) constrói, mas a matéria que esse forma; ou, mais filosoficamente, a própria idéia de "chão" nomeia um dos materiais a partir dos quais, ao progredirmos na Cultura, viremos a construir alguma coisa de mais humano. E ainda, nas palavras de Emerson "Aqui estão os materiais espalhados", colho uma referência aos homens e mulheres espalhados (isto é, ainda não socializados) por toda a parte, a partir dos quais homens e mulheres deverão ser construídos — um modo de apresentar uma idéia que Emerson considera incessantemente: a de que o humano em sua forma presente é um sinal indicativo do humano que há por vir. Tais questões, e outras mais, estão de certa forma esquematizadas na própria palavra "espalhados", que produz uma trilha de edificação e destruição (construção), engenho e zelo (trabalho), rua e embasamento (chão), estratagema (como estratégia militar sobre as forças das palavras para a revolução), e o disperso, e o espalhado ou fragmentário (assim, o humano como linhagem dispersada, como deuses em ruínas).

Prosseguir com tais pensamentos é, para mim, abordar as questões do que concebo como perfeccionismo moral, título sob o qual, em minhas "Carus Lectures", formulo a concepção que Emerson tem de seu trabalho como escritor — atrair o humano (na prática, seus leitores individuais) para a obra de tornar-se humano. Um momento daquilo que respeito e desejo caracterizar como perfeccionismo moral está expresso na frase de abertura do parágrafo final de "Experience": "Sei que o mundo com o qual eu converso na cidade e na fazenda não é o mundo que eu *penso*". O mundo com o qual converso — aquele que em geral encontra-se com minhas palavras — está submetido a uma espécie de julgamento, embora não enquadrado talvez naquilo que entendemos por juízo moral. (Este mundo, assim como estas palavras — por exemplo, "moral", "julgamento", "mundo" —, está exposto à ruína, pode ser só fragmentação.) Meu julgamento do mundo expressa uma busca do eu [*self*], mas não de um dado estado (podemos chamá-lo perfeição), de um dado eu (de certa forma, aquele que eu represento). (Em "Self-reliance": "Este fato, o mundo odeia; que a alma *se torna*; pois isso degrada o passado para sempre, transforma toda riqueza em pobreza, toda reputação em opróbrio, confunde o santo com o patife, repele tanto Jesus como Judas".) O mundo que eu penso não se apresenta como o conteúdo empírico de um conceito — não é uma parte do que é chamado conhecimento (afirmação kantiana). Então, o que constitui a sua busca (uma busca, ou pergunta [*quest*(*ion*)], romântica)?

Constituir essa busca (do mundo que eu penso) como algo semelhante a um imperativo moral, e mostrar que Emerson empenha especificamente o trabalho de sua escrita no trabalho dessa busca, eram talvez os principais empreendimentos de minhas "Carus Lectures". Mas essas palestras constituem, por sua vez, quase que uma progressão direta das palestras apresentadas aqui, considerando o que, no começo deste relatório, chamei de obra, ou trabalho em andamento. Aquilo que chamo de perfeccionismo moral nas palestras é, entre outras coisas, uma resposta à minha elaboração, em "A descoberta como fundamento", da noção de sabedoria em Emerson, já citada e extraída de "Experience", ou seja, viver o maior número de horas boas, ou encontrar o fim da jornada a cada passo do caminho (uma descrição simultânea de bem viver e de bem pensar — a filosofia como jornada); e à intuição, ou orientação [(*in*)*tuition*], presente em "Declinando do declínio", de que, embora o sentimento de uma certa urgência moral (ou religiosa) permeie *Investigações filosóficas* de Wittgenstein (e *Ser e tempo* e *O que se chama pensar?* de Heidegger), o ético, em tais obras, não é dado o estatuto de um campo separado do estudo filosófico. A partir de tais conexões, os três incidentes em Santa Cruz, cruzando-se na questão do trabalho filosófico em andamento, parecem-me especificar alguns passos na progressão, de certa forma, de Wittgenstein e Heidegger (e Nietzsche) a Emerson, dos quais eu não havia jamais tido consciência.

Perguntei anteriormente se e como devemos ver "A origem da obra de arte" de Heidegger como um apelo pela inclusão de seu próprio texto entre as obras que invoca enquanto realizadoras do trabalho da arte, ou seja, deixando, nelas, a verdade acontecer. "Deixar a verdade acontecer", presumivelmente, não é apenas um modo malicioso de descrever justamente as coisas que os universitários devem (são obrigados a?) fazer, falar a verdade e defendê-la. É algo *mais*? (O saber será algo mais do que justificar como verdadeiras as próprias crenças?) Os professores, em geral, não precisam nem desejam sempre negar, como Heidegger, que um certo fervor ou *pathos* que reconhecem em seus textos deve ser entendido como expressão de juízo moral ou aspiração religiosa. Perguntamos: Qual é a socialidade ou genialidade[3] do texto de Heidegger? (Utilizo estas palavras do *Atheneaum* para enfatizar a continuidade entre as idéias de Heidegger sobre trabalho e *poiesis* e as do *Athenaeum*. Por outro lado, já de volta a Boston, posso mostrar que avancei um pouco em *L'absolu littéraire*, embora ainda sofrendo daquilo que parece ser uma procrastinação do conhecimento e que parece requerer de misteriosas permissões de conhecer.)

Meu uso de "socialidade" visa a problematizar a idéia do "público" de uma obra para sugerir que, talvez de um modo bem mais definitivo na escrita romântica, a busca do público é exatamente tão propícia a questionamentos quanto a busca da expressão: não é um conjunto *dado* (assembléia, turma de alunos) de ouvintes ou leitores que se busca ou se fantasia. Ao falar de "genialidade", pretendo problematizar a idéia da "intenção" de uma obra, ou de um autor que tome o leitor como seu confidente; autor e leitor terão afinidades de espírito se forem congêneres, gerados juntos, um a partir do outro. Tal geração é a empresa principal do ensaio "Experience" de Emerson; esse

[3] Traduzimos literalmente a palavra *geniality*. Remete-se o Autor à idéia filosófica e estética de gênio, elaborada no século XVIII e em especial desenvolvida pelo romantismo alemão a partir da *Crítica da faculdade de julgar* de Kant. O Autor enfatiza, na idéia de genialidade, sua dimensão comunicativa, fazendo ecoar, no inglês, o uso de expressões como *congenial*, *congeniality*. (N. da T.)

texto, portanto, constitui uma imagem do que é um ensaio emersoniano, de como esse concebe a realização de seu trabalho. Um outro aspecto de "socialidade" e "genialidade" leva (diferentemente de "público" ou "intenção") à questão da não-socialidade ou não-genialidade de um texto, seu poder de repelir, seu caráter inabordável: sua reprovação. Talvez seja isso que Emerson mais tem em mente, ao falar do gênio de uma vida, ou de um texto — o poder que cada ser humano possui de representar o próximo estágio de sua existência, seu prosseguimento. (O poder é inerentemente repelente: "Este fato, o mundo odeia; que a alma *se torna* [...]".) Aqui, abre-se a questão das defesas de um texto contra ser lido, ou abordado, algo em que toquei ao falar das contra-transferências textuais diante dos desejados e temidos "leitores" — ou seja, diante de suas (fantasiosas) transferências em relação ao texto. (Adoto essa idéia na penúltima e longa nota explicativa a "Psychoanalysis and cinema: the melodrama of the unknown woman", conforme reimpresso em *The trial(s) of psychoanalysis*, editado por Françoise Meltzer e publicado pela Universidade de Chicago em 1988.) Para mim, essa questão deveria ajudar a definir a repulsa, na filosofia, diante do ler e do ser lido (como tais) — como se o progresso filosófico não pudesse ser feito dessa forma (pela leitura, em estado de suspense, por curiosidade, sem interrupção, sem levar à meditação). As advertências de Emerson e de Thoreau contra ler livros em demasia têm seu quê de humor tipicamente americano, mas a descrição entusiástica que ambos fazem de tal problemática é precisamente um sinal de sua têmpera filosófica — sua "filosoficalidade" [*philosophicality*].

Sobre o fervor, ou *pathos*, de Heidegger, chamo a atenção apenas para o trabalho que ele associa aos nomes de dois filósofos, Parmênides e Heráclito. Parmênides é aludido na pergunta de Heidegger (na seção intitulada "A coisa e a obra"): "O que parece mais fácil do que deixar uma entidade ser apenas a entidade que é?" (Isto é, suponho que essa pergunta contenha uma versão antiga de palavras que Heidegger atribui a Parmênides e que desenvolverá nos últimos capítulos de *O que se chama pensar?* — "deixar estar diante de nós" — frase que justaponho, na palestra "Declinando do declínio", àquela de Wittgenstein, "deixar tudo como é" (p. 49).) A insinuação da pergunta de Heidegger "O que parece mais fácil [...]?" é que nós estamos num estado de parecer e de facilidade, e que fazer parte da sociedade desse escritor, sermos gerados por ele, significa reconhecermos a nós mesmos enquanto tal. Suponho que isso seja uma alusão à questão, em *Ser e tempo*, de nossa mediocridade e inautenticidade. O tema está proposto já nas páginas iniciais de seu trabalho sobre a origem da obra de arte onde, fazendo uma pausa "em nossa tentativa de delimitar entidades que têm o modo de ser de uma coisa, em contraste àquelas que têm o modo de ser de uma obra", Heidegger observa, exatamente como se fosse um ponto óbvio de nossa nomenclatura, "Um homem não é uma coisa". Não será nossa tarefa, aqui, considerar que essa obra de Heidegger, diferentemente de *Ser e tempo*, de uma década antes, está pedindo a si mesma uma interpretação do modo de ser de "um homem", do humano? No entanto, ao incluir entre os trabalhos que realizam o trabalho "da arte", "A origem..." declara-se como obra humana, para ocupar seu lugar em relação à fala humana. Devemos supor que, para Heidegger, o efeito dessas obras sobre nós é precisamente o de uma revelação — a revelação de nossa humanidade. Então será assim que "A origem..." declara sua diferença em relação a *Ser e tempo* — como se estivesse realizando aquilo que, em *Ser e tempo*, é apenas teorizado? (Para prosseguir nessa questão, teríamos que saber onde buscar a fonte, em *Ser e tempo*, de seu próprio fervor — uma questão recorrente, em meu pensamento, ao tentar localizar, em "Declinando do declínio", a fonte do fervor de *Investigações filosóficas*. Na profundidade desse problema (o qual, no entanto, pode ser descartado) que emerge na leitura tanto de Heidegger como de Wittgenstein, talvez resida, em minha opinião, o ponto da mais íntima afinidade entre os dois.)

Ao afirmar a necessidade "de visualizar, de uma nova forma, o advento da verdade na obra", Heidegger "deliberadamente escolhe uma obra que não pode ser atribuída à arte representacional... um templo grego". E ele diz: "O templo, permanecendo ali, dá em primeiro lugar às coisas a aparência delas e, aos homens, a visão de si mesmos". Assim, além de sermos seres para quem as coisas podem "parecer fáceis" (algo que não corresponde ao ser das coisas, as quais entretanto têm suas (respectivas) aparências, suas "faces visíveis"), somos seres "de visão", de projetos, temos coisas em vista — em suma, somos seres que temos o que pensar, "matéria" diferente da matéria inerte; seres, insisto, para quem as coisas e os seres contam. ("O que importa" é o tópico de minha segunda "Carus Lectures", que enfoca a exposição de Kripke sobre o tópico das regras em Wittgenstein, um assunto abordado na primeira das minhas presentes palestras (pp. 53-4). Que o trabalho de "As origens..." seja uma contribuição ao trabalho de (auto-) interpretação do ser do humano confirma-se ao final do parágrafo sobre o templo, com sua referência ao Fragmento 53 de Heráclito:

> *Na tragédia nada é representado ou produzido, mas se trava a batalha dos novos deuses contra os velhos. [O sentido da primeira oração nesta tradução [inglesa] me escapa. Prefiro retraduzir* auf- *e* vorführen *desta forma: "Na tragédia nada é erigido ou demonstrado" — ou seja, em contraste com o templo e em contraste com outras obras lingüísticas.] Enquanto a obra lingüística tem sua origem no discurso do povo, a tragédia não fala sobre esta batalha, mas transforma o discurso das pessoas de tal forma que agora cada palavra essencial leva adiante a batalha, e decide sobre o sagrado e o profano, o grande e o pequeno, o corajoso e o covarde, o nobre e o baixo, o senhor e o escravo.*

Aqui há instâncias suficientes para que uma "obra lingüística" adquira fervor — no mínimo, moral. Mas aceitaremos que na obra de Heidegger "cada palavra essencial leva adiante a batalha?" Sabemos quais são as palavras nela assinaladas como essenciais? São aquelas com uma história filosófica estampada em sua face? (A idéia de que a obra filosófica requer uma transfiguração de "cada palavra" está presente em "Self-reliance" de Emerson: "Cada palavra que eles dizem nos aflige". A mesma idéia está ainda em pauta na segunda dessas palestras e é um tema que perpassa a primeira das minhas "Carus Lectures".) Podemos nos considerar como parte da socialidade ou congenialidade do texto de Heidegger se não soubermos que nossas palavras (que certa vez fizeram parte do "discurso do povo") encontram-se agora transformadas? Qual é a prova desse conhecimento? Em que palavras poderei expressá-lo? Ou, em que relação (transformada) com as minhas palavras? Será que alguma aspiração ou motivação ("fervor") contraída desse texto de Heidegger contaria como uma aspiração ou motivação para o trabalho da filosofia, se não produzirmos respostas a tais questões? O que constitui o "ensinamento" desse trabalho?

Não tentarei agora dizer de que modo Heidegger consegue manipular tais elementos no interior de uma apresentação, em sua versão de prosa acadêmica. Não sei dizer de pronto como Kant o faz, qual é o *pathos* especial da sistemática da apresentação; mas registro seu êxito. E interessa-me compará-la à atenção contemporânea de Wittgenstein à apresentação (digamos, ao assistemático da apresentação), uma vez que a obra de Wittgenstein é a obra de um artífice mais consciente de si.

A auto-consciência em Wittgenstein quanto à apresentação soa a meus ouvidos um tanto diluída, na corrente tradição [inglesa] da caracterização mais específica que ele fornece sobre sua escrita em *Investigações*[4]:

> *O conceito de exposição perspícua tem para nós um significado fundamental. Ele designa nossa forma de exposição, a maneira de vermos as coisas.* (§122)

A palavra traduzida nessas duas orações como "exposição" é *Darstellung*, que talvez seja mais bem destacada aqui como "apresentação". Embora tanto representação (*Vorstellung*) como apresentação indiquem uma relação, digamos, entre significante e significado, *Darstellung* põe a ênfase do lado do significante, de acordo com o uso feito pelos românticos do termo, em sua reflexão sobre o que constitui a literatura e seus gêneros; assim também Wittgenstein. Ao falar da questão de sua escrita filosófica como um trabalho de efetuar uma apresentação clara, Wittgenstein está falando em termos que ele usa ao falar do trabalho de uma demonstração lógica.

> *Quando escrevi "a demonstração deve ser perspícua", isto significava:* a causalidade *não toma parte na demonstração.* (Remarks on the foundations of mathematics, *III-41*)

Comparemos:

> *A demonstração deve ser um processo claro diante da vista. Ou ainda: a demonstração é o processo* claro diante da vista. *Não é algo atrás da demonstração, mas a demonstração, que demonstra.* (Remarks, *II-42*)

Não estou dizendo que Wittgenstein identifique seu trabalho filosófico com um fornecimento de demonstrações. De certa forma, ao contrário disto, creio que podemos dizer, ele está indo além da filosofia estabelecida e de seu estilo de argumentação, visando a *meta* da lógica, que não é fornecer argumentos (a partir dos quais tomar-se-ão

[4] Todas as citações de *Investigações filosóficas* são da tradução de Marcos G. Montagnoli. Ver "Livros Citados". (N. da T.)

partidos e seguir-se-ão disputas), mas atingir a "completa claridade". Em filosofia, isso não significa derivar um novo teorema, ou derivar um teorema de uma nova maneira; "isto significa apenas que os problemas filosóficos devem desaparecer *completamente*" (*Investigações*, §133). Outros indicadores (predicados, traços) que Wittgenstein atribui à lógica também terão de ser refigurados, transfigurados, em sua aplicação à filosofia: por exemplo, verificando o que, para a filosofia, constitui aquilo que Wittgenstein considera reprodutibilidade ou capacidade de convencer, numa demonstração.

Considere-se aqui o aparente pesar de Wittgenstein, expresso em seu Prefácio a *Investigações filosóficas*, de que "o melhor que poderia escrever, permaneceria tão-somente observações filosóficas [...] breves parágrafos". O mérito que ele admite é não "forçá-las [as observações] em uma única direção contra a sua tendência natural". Mas temos a liberdade de pensar nessa "brevidade" a partir da problemática do fragmento e do sistema, do sentido *específico* de completude e de incompletude, favorecido em *Investigações*; e também da defesa efetuada pela filosofia contra (um certo tipo de) leituras (creio ainda ser verdade que muitos admiradores devotados de *Investigações* nunca leram o livro *do princípio ao fim* — embora seja um livro bem pequeno! —, o que não é necessariamente um erro); assim como a partir da idéia conseqüente de que um certo tipo de trabalho está sendo realizado pela escrita, caracterizável como deixar a verdade acontecer (dando-lhe tempo) e buscar uma certa socialidade e congenialidade (em que o leitor, por assim dizer, não esteja sendo motivado a aderir a uma busca intelectual em razão de alguma solução ali guardada). Cada um é responsável por encontrar o fim da jornada a cada passo do caminho, em seu próprio andar.

Também a partir dessa imagem de Emerson; e de Heidegger, sobre o pensar como ser levado ao longo de um caminho; e de Wittgenstein, a respeito de "observações filosóficas [...] [como] um conjunto de esboços de paisagem [...] que surgiram [...] nessas viagens longas e complicadas" (Prefácio a *Investigações*); e de um outro indicador que Wittgenstein associa à demonstração e que requer uma refiguração dessa, em sua aplicação à filosofia: "Nosso interesse [numa demonstração] é que recebemos uma *estrada* [trilha, caminho], de certa forma, por meio das pegadas daqueles que foram naquela direção" (*Remarks*, I-162). Wittgenstein volta à idéia em um de seus poucos exemplos de jogos de palavras: "A demonstração não é um movimento, mas uma rota" (II-41).

(*Der Beweis ist nicht eine Bewegung sondern ein Weg.*) (Fantasiando um pouco — talvez influência do jogo de palavras —, assinalo, sem comentar, para aqueles com o gosto e os conhecimentos necessários para prosseguir nesse sentido, uma possível associação entre a negação do movimento na lógica, em Wittgenstein, e uma passagem de Kierkegaard, extraída de *Concluindo um pós-escrito não científico*, Livro dois, primeira parte, capítulo II, início da subdivisão "Um sistema lógico é possível": "A descoberta sem paralelo de Hegel, o assunto de uma admiração tão sem paralelo, a saber, a introdução do movimento na lógica, é uma total confusão da ciência lógica".)

O exemplo wittgensteiniano não nos conduz por via conhecida, nem deixa pistas. Será que eu entendo, terei condições de continuar partindo da qualidade onírica do exemplo que abre *Investigações*?

> *Eu envio alguém às compras. Dou-lhe uma folha de papel onde se encontram os signos: "cinco maçãs vermelhas". Ele leva o papel ao comerciante. Este abre a gaveta sobre a qual está o signo "maçã". Ele procura a palavra "vermelho" numa tabela e encontra defronte a ela uma amostra de cores...*

(A qualidade onírica assemelha-se à do exemplo seguinte de um construtor e seu ajudante, abordado na primeira das palestras a seguir, às pp. 62-6.) A pessoa enviada às compras sabe o que dizem os signos no papel? Como ela sabe onde e a quem entregar o papel? Por que supõe-se que o comerciante vá proceder na ordem descrita, em vez de abrir a gaveta assinalada "vermelho" e depois procurar a palavra "maçã" numa tabela, para nela encontrar uma forma correspondente? Naquilo a que chamamos de mercearias poder-se-ia (logicamente) selecionar o estoque de acordo com a cor — colocando maçãs vermelhas, pimentões vermelhos, talvez latas de sopa de tomate, caixas de velas vermelhas, certas borrachas de apagar, talvez escovas de dente com o cabo vermelho, em um compartimento; e maçãs verdes, pimentões verdes, outras caixas e outras escovas etc., em outra; e certos produtos, como sortimentos de lápis, talvez sopa minestrone, num compartimento para miscelâneas — ou simplesmente não guardá-los. Será que isto normalmente não acontece porque é ineficiente? (Não costumamos pensar muito sobre o tipo de vidas (de consumidores) para as quais isso seria bastante eficiente.) De que maneira é ineficiente? Talvez, por exemplo, porque os sortimentos de frutas e legumes, de sopas enlatadas, escovas de dente e velas não chegam classificados de forma tal que estocá-los em compartimentos organizados pela cor fosse fácil (natural?). Mas isso não é só um acidente de nossas instituições (econômicas), algo apenas convencional? Portanto, será um acidente o fato de que podemos, conforme Wittgenstein argumenta ao comentar o exemplo, "operar com as palavras" "cinco maçãs vermelhas" tão casualmente como o fazemos? — Devo seguir para o próximo fragmento de *Investigações*? Sinto-me capaz de *mover-me* nessa direção? Ou para qualquer outra direção? Sinto que devo fazê-lo? Aqui penso na insistência virtual de Emerson quanto à conexão entre "acidental" [*casual*] e "acidentado" [*casualty*], indicando que aquilo que nos é comum, ordinário, também nos é crucial, fatal. (Um aspecto a mais do exemplo inicial das maçãs surge, mais uma vez em associação a Emerson, ao final de minha segunda "Carus Lecture".)

Citei exemplos de Heidegger e de Wittgenstein, em passagens que são simultaneamente obstáculos e entradas, ilustrando aquilo que eles esperam e exigem do trabalho do leitor. Mas se deve, ou se deveria, considerar ainda mais diretamente que tanto Heidegger como Wittgenstein concebem a maneira como podem suportar serem lidos, por sua própria maneira de ler os outros. Segundo o mito vigente, Heidegger escreve filosofia tendo lido tudo o que há de essencial; Wittgenstein, segundo o mito de não ter lido essencialmente nada. Eles atacam, a partir de pontos opostos, a questão que o projeto de um currículo filosófico deve responder: O que devo saber para dizer aquilo que devo dizer? Não admira que tanto *Investigações filosóficas* como *O que se chama pensar?* abordem, do começo ao fim, o tema da instrução e da aprendizagem. Mas com todas as oposições de gosto existentes entre ambos, *O que se chama pensar?* de Heidegger devota metade dos capítulos de sua parte II a uma frase de poucas palavras de Parmênides; e, conforme afirmarei justificando o caminho que tomo em "Declinando do declínio", os tópicos que se desdobram de *Investigações* (parte I) estão todos referidos no parágrafo de Agostinho que inicia o livro de Wittgenstein, de forma que seus 693 fragmentos seguintes podem ser vistos como a leitura de um parágrafo.

Usarei os acontecimentos não previstos deste texto introdutório para, então, atar um ou dois fios que pretendia tecer adiante, nas palestras que se seguem. Ao afirmar que um ensaio de Emerson anuncia e fornece as condições para sua própria compreensão (em "A descoberta como fundamento", p. 99), não estou afirmando que essas condições são apresentadas de forma completa e realizada, mas sim que sua completude e realização estão em questão em cada um dos ensaios — de outra forma, a descrição de um ensaio emersoniano como constituinte de uma teoria daquilo que é um ensaio emersoniano não seria uma descrição de seu trabalho essencial, mas de uma imagem escolhida de modo aleatório como figura de conjunto. Por exemplo, uma idéia que "Experience" possui de seu trabalho é de labor concebido reprodutivamente, como se mundos estivessem por nascer. Portanto, a leitura desse ensaio deve interrogar o que é, ali, "possuir" essa idéia. Ao aceitar a tese apresentada por Lacoue-Labarthe e Nancy (que já encontram antecipada em Walter Benjamin e em Maurice Blanchot) de que a idéia da literatura tornar-se sua própria teoria — a literatura tornando-se de fato filosofia ao passo que, inversamente, a filosofia torna-se literatura — é o que constitui o romantismo (em sua origem no *Athenaeum*) e ao começar a ver como Emerson responde a esse material do *Athenaeum* (ou a suas fontes, ou epígonos), minha admiração diante da realização de Emerson adquire uma nova dimensão. Como se eu mesmo, apesar de toda a minha satisfação talvez até agressiva em relação à obra de Emerson, tivesse às vezes cedido ao peso da opinião de que sua obra deixa algo (especificável) não realizado, ou especificamente inacabado, como se aquilo que descrevo como sendo um apelo de Emerson à filosofia já não fosse a filosofia acontecendo. Portanto, gostaria de registrar minha impressão de que, diante do apelo (ou visão) aforístico, ou melhor, fragmentário, de Friedrich Schlegel, quanto à união entre poesia e filosofia, a própria obra de Emerson apresenta-se como a realização dessa visão. Não quero dizer que a obra de Emerson não seja "fragmentária". Na verdade, parece-me que o enigma da frase de Emerson deve encontrar algo de sua solução numa teoria do fragmento: manter o caráter fragmentário é parte da forma como Emerson realiza o romantismo.

Aquilo que se me apresenta como a completude de um apelo por um certo trabalho resume-se quando vejo "Experience" precisamente como uma contribuição, ou apresentação, de uma teoria do fragmento. A forma que o fragmentário assume em "Experience" é dada em sua auto-imagem de um embrião crescendo e indo ao encontro da vida, sendo realizado, digamos, uma imagem de chegar ao bom termo no encontro do termo [*coming to terms as coming to term*]; e é mais especificamente dada na idéia do crescimento como "distração", como um processo em que "partes" tornam-se "membros", em que a origem de rememorar [*remembering*] (um nome para o trabalho filosófico) é apontada como sendo desmembrar [*dismemberment*] ("A descoberta como fundamento", p. 98). Mas essa idéia só realiza seu trabalho (teórico) com a condição de que ela própria seja rememorada em seu desmembramento de frases e de palavras. (A insistência final, em "Experience", em imagens e idéias de (re)memorar responde a uma das conjunções de imagens que abrem o ensaio, a de nos encontrarmos no Letes, o rio do esquecimento, tendo nele bebido demais. O caminho a partir de *léthe*, ou esquecimento, ou ocultamento, até seu oposto, *alétheia*, termo grego para aquilo que Heidegger chama de verdade e associa ao Aberto, é algo que Heidegger, como bem se sabe, interessa-se em mapear. Assim como, em Emerson, o progresso de rememorar assume a aura do nascimento, a comunicação de (ou entre) palavras, tais como "*remembering*" e "*membering*", pode dar a impressão de acontecer através de membranas — como se a linguagem estivesse se reproduzindo. (Por que sinalizar aqui que *rememorar* e *membrana* são cognatos? Será para incentivar a idéia de que as palavras sabem algo (que elas são membros constitutivos umas das outras)? Seria suficiente perguntarmos, por exemplo, o que *separa* "esquecer" de "lembrar".) "Muitas obras dos antigos tornaram-se fragmentos. Muitas obras dos modernos são fragmentos desde seu começo [geração, *Entstehung*]." Este exemplo tirado dos *Athenaeum fragments* de Friedrich Schlegel (número 24) poderia ser a epígrafe (da leitura) de "Experience" de Emerson, e com especial clareza se *gleich bei des Entstehung* for traduzido, como em *L'absolu littéraire*, por *dès leur naissance*, ou seja, desde seu nascimento. Em "Experience", a condição de existir pelo nascimento, existir a partir da condição de nascer — chamêmo-la congênita —, é tomada como a própria condição da fragmentação. Isso, assim, deve ser vinculado ao tema recorrente, em "Experience", do velho e do novo, que tem como uma de suas responsabilidades uma nova compreensão do velho tema dos antigos e dos modernos.

Tendo também sugerido ("Declinando do declínio", pp. 59-60) uma comparação final entre um "esboço" wittgensteiniano e um fragmento romântico, reproduzo aqui um esboço que efetivamente nos convida a pensar sobre o que parece ser a incompletude metafísica das condições de pensar, ou da auto-apresentação, e do que pode causar essa aparência:

> *Mas a frase "Agora sou capaz de continuar"* [...], *será que ela quer dizer a mesma coisa que a frase "Agora me ocorreu a fórmula", ou será que ela quer dizer algo diferente?* [...] *Dizemos também: "Agora sou capaz de continuar, quero dizer, eu sei a fórmula"; como dizemos: "Eu posso andar, isto é, eu tenho tempo"; mas também: "Eu posso andar, isto é, já estou bastante forte"; ou: "Eu posso andar, no que tange ao estado de minha perna", a saber: quando confrontamos* esta *condição de andar com outras condições. Mas devemos cuidar aqui de não pensar que haja, correspondentemente à natureza do caso, uma* totalidade *de todas as condições correspondentes à natureza de cada caso (por ex., para o fato de alguém andar), de tal sorte que, por assim dizer, ele* não fosse capaz *de outra coisa que não fosse andar, caso tenham sido preenchidas todas as condições.* (Investigações, *§183*)

Verificar mais uma vez que a filosofia concebe o pensar como associado ao caminhar leva-me a outra reflexão sobre a apresentação da linguagem cotidiana na palavra alemã *Umgangssprache*. Ao adotála (à p. 38), chamo a atenção para a idéia, nela existente, de comunicação como circulação, mas não enfatizo a idéia de circulação como uma etapa do andar, que se efetua ao dar passos (conjugados). (Poder-seia pensar no hábito peripatético aristotélico como um comentário sobre a imagem platônica da saída da caverna como uma subida solitária?) Aproveito este ponto para situar provisoriamente o que entendo por minhas diferenças em relação à teoria da desconstrução. Tais diferenças, com muita freqüência, dizem respeito à minha ênfase naquilo que, em "Declinando do declínio", chamo de maneira wittgensteiniana de"colocar as ambições da filosofia à luz do dia" [*diurnalization of philosophy's ambitions*], a saber, sua insistência de que, apesar da filosofia existir entre séries de séries que não possuem, ou não conhecem, extremos, a vocação da filosofia é encontrar-se, na imagem de Emerson, sobre uma escada, meditando sobre uma direção.

Em minha opinião, essa é uma imagem não só da resolução a cada passo da jornada e em cada termo de uma série ou de um conceito expansivo, mas também da condição de uma certa socialidade ou congenialidade — uma circulação — que me parece vista com desconfiança ou negada na desconstrução, uma circulação que, alternadamente, deve ser entregue à reação de um outro ("o efeito de qualquer *explicação* ulterior depende de sua *reação*" (*Investigações*, §145)), como se a cada passo devêssemos estar preparados para sermos tomados de surpresa (pela surpresa do outro, ou pela ausência de surpresa) e para nos descobrirmos separados, exauridos de palavras ("Estou inclinado a dizer então: 'É assim mesmo que ajo'." (*Investigações*, §217)). Só porque (ou: precisamente porque) há sempre mais que *pode* ser dito por uma palavra, digamos, ao se rastrear seu significado (porque uma palavra *deve* sempre se encontrar em algum outro lugar), não se segue que, se não digo mais numa determinada conversação, eu esteja *escondendo* ou *adiando* uma concepção. Se conhecer uma palavra é saber como prosseguir com ela, então, mostrar como prosseguir é provar meu conhecimento. Mas posso saber isso sem prová-lo (desta maneira) — devo fazê-lo, sobretudo, se realmente viermos a ter um diálogo. Se você tiver dúvidas de que nós conversamos, de nada me adiantará continuar falando para provar meu conhecimento das palavras.

Antes de encerrar esta exposição quero incluir, para outra ocasião, duas passagens — uma delas, naturalmente bem conhecida, de Nietzsche, a outra, naturalmente mal conhecida, de Emerson — para reforçar trilhas alternativas de circulação filosófica, constituindo respostas ou reações ao conjunto de textos aqui colocados como provocação.

A passagem que apresento de Nietzsche é o parágrafo de abertura do Prefácio a *Genealogia da moral.*

> *Nós, homens do conhecimento, não nos conhecemos; de nós mesmos somos desconhecidos — e não sem motivo. Nunca nos procuramos: como poderia acontecer que um dia nos* encontrássemos*? Com razão alguém disse: "Onde estiver teu tesouro, estará também teu coração".* Nosso *tesouro está onde estão as colméias do nosso conhecimento. Estamos sempre a caminho delas, sendo por natureza criaturas aladas e coletoras do mel do espírito, tendo no coração apenas um propósito — levar algo "para casa". Quanto ao resto da vida, as chamadas "vivências", qual de nós pode levá-las a sério? Ou ter tempo para elas? Nas experiências presentes, receio, estamos sempre "ausentes": nelas não temos nosso coração — para elas não temos ouvidos. Antes, como alguém divinamente disperso e imerso em si, a quem*

> *os sinos acabam de estrondear no ouvido as doze batidas do meio-dia, e súbito acorda e se pergunta "o que foi que soou?", também nós por vezes abrimos* depois *os ouvidos e perguntamos, surpresos e perplexos inteiramente: "O que foi que vivemos?", e também "quem* somos *realmente?", e em seguida contamos, depois, como disse, as doze vibrantes batidas da nossa vivência, da nossa vida, nosso* ser *— ah! e contamos errado... Pois continuamos necessariamente estranhos a nós mesmos, não nos compreendemos,* temos *que nos mal-entender, a nós se aplicará para sempre a frase: "Cada qual é o mais distante de si mesmo" — para nós mesmos somos "homens do desconhecimento"* [...].

A primeira frase, sobre o nosso desconhecimento de nós mesmos, é dessas que não se esquece. Mas quem se importaria de lembrar que a primeira prepara a pergunta da segunda, a menos que alguém se preocupasse quanto ao fato de que a segunda — "como poderia acontecer que um dias nos *encontrássemos*?" — encerra a resposta de Nietzsche à pergunta que abre "Experience", de Emerson? "Onde nos encontramos?" Como seria possível provar esse circuito, ou seja, que Nietzsche tinha Emerson em mente? Isso poderia, no mínimo, ser conjecturável — dada a impressão de intimidade que se depreende da reação de Nietzsche para com passagens da prosa de Emerson, as quais comentou e transcreveu no início e ao final da vida — se se considerar, por exemplo, no restante do Prefácio a *Genealogia*, aspectos como esse. No meio do parágrafo de abertura citado acima (que constitui a seção 1), Nietzsche desloca a questão da descoberta de nós mesmos para afirmar nossa desatenção, ou distração (descritas como nossa inabilidade de contar, de dar contas precisas) em relação a nossas "vivências"; e ele coteja essa ausência de atenção (ou esta modificação do foco da atenção) com nossa real preocupação apenas para com uma coisa: "levar algo para casa". Se (conforme penso) "levar algo para casa" é aqui uma transcrição do que Emerson quer dizer, nas últimas frases de "Experience", imaginando seus leitores a censurá-lo por não "realizar seu mundo", então as preocupações de Nietzsche em seu Prefácio são as mesmas de Emerson em "Experience" — nossa ignorância polar, simultânea, do que acontece conosco e do que nós fazemos acontecer, de nossas paixões e de nossas ações. Nietzsche associa essa ignorância ao desejo que temos de nos vermos como seres destinados a voar, sempre tomando atalhos e cortando caminhos, em vez de nos reconhecermos como seres destinados a ter êxito no caminhar, encontrando nosso tempo agora, nosso destino aqui. Na seção 7, Nietzsche descobre que ele, em seu questionamento da região moral, "praticamente [descobriu]" toda uma imensa região pela primeira vez (tema explícito de Emerson em "Experience") e que considerar as coisas com seriedade permitirá um dia considerá-las "*na brincadeira*, na jovialidade" (um objetivo tão transfigurador para ele — sob o disfarce de sua "gaia ciência" — quanto para Emerson). Na seção 6, Nietzsche ensina que aprender a questionar, a formular perguntas, requer persistência; e na seção 8 ele exige a leitura de quem já tenha sido "profundamente ferido e profundamente encantado por cada palavra" (a leitura como persistência e no esmiuçar de "cada palavra" são motivos emersonianos dominantes). Nietzsche prossegue, especificando que ler o aforístico requer uma seriedade, ou persistência, especial, que ele chama de ruminar. De um modo geral, como na seção 3, ele declara que seu livro aborda o problema da "origem do mal", descartando como infantil qualquer solução do problema que atribua essa origem a Deus (sugerindo, assim, uma Teodicéia ao revés); e prossegue no sentido de formar, creio que se pode dizer, uma espécie de Antropodicéia, uma certa reivindicação do humano — uma razoável descrição aplicável também a "Experience", pois que aqui Emerson confronta um caso extremo de dor pessoal, a morte de seu filho menino, à qual responde dando vida a uma nova humanidade. A intuição de Emerson seria a de que o trabalho do progresso filosófico (chamemos a isso realizar o mundo) é, na frase de Freud, um trabalho de luto.

A citação final que apresento, de Emerson, leva-nos mais uma vez de volta à minha pergunta a respeito do questionamento filosófico sobre a leitura, especialmente sobre até onde se pode ler (em um livro, uma página, uma frase, uma palavra) sem parar, quer movido pela raiva, quer pela simpatia, para pensar, para ruminar; e quando é que alguém está pronto para ler (isto em lugar daquilo, isto antes daquilo, antes de qualquer outra coisa, antes de coisa nenhuma). A passagem é dos *Diários* de 1855 (*Journals*, p. 458 na seleção de Porte para a Harvard Press, 1982):

> *Confio muito na boa reputação, como todos devemos fazer. Se um homem tem bom milho para vender, ou boa madeira, tábuas ou porcos, se ele sabe fabricar melhor do*

que qualquer outra pessoa cadeiras ou facas, cadinhos ou órgãos de igreja, todos verão que o caminho que leva à sua casa é bem batido, mesmo que esta seja no meio dos bosques [...].

Bem, assim também é com um pensador. Se ele me propõe revelar algum segredo elevado, se declara ter encontrado o caminho profundamente secreto que conduz do Destino à Liberdade, toda a boa gente e toda a humanidade, com um fervor religioso, desejarão conhecê-lo e, embora a aventura inusitada sobrecarregue penosamente seus pobres cérebros, eles descobrirão finalmente se de fato encontraram a passagem ou não [...]. *Se partirem insatisfeitos, embora seja fácil imputá-lo (até segundo eles mesmos) à própria estupidez por não serem capazes de adiantar-se, com suas botas de neve, nas trilhas geladas das montanhas — eu suspeito que é porque a passagem não foi feita. É como aquela estaca de madeira torta e oca, através da qual o porco do fazendeiro encontrou acesso ao campo; o fazendeiro moveu a estaca para que o porco, ao voltar ao buraco e ao ultrapassá-lo, tivesse a surpresa de se encontrar ainda no campo; ele tentou novamente, e estava ainda do lado de fora; então fugiu de vez, e nunca mais dali se aproximou.*

Por mais habilidades transcendentais que Fichte, Kant, Schelling e Hegel tenham mostrado, penso que falta-lhes a confirmação de terem dado ao porquinho uma passagem para o campo. A estaca é muito torta, mas ainda deixa Grumphy[5] *do mesmo lado da cerca. Se eles tivessem feito a passagem, a boa reputação os teria descoberto. Assim, mantenho a minha regra de não ler o livro, até ouvir algo sobre ele nos jornais.*

Ponham de lado, por um momento, as perplexidades alegres e tristes que podem surgir, quando recebemos boatos em demasia através da voz corrente e dos jornais, e descobrimos, meio por acaso, que há notícias e valores negligenciados; esqueçam por um momento perplexidades quanto ao que ler agora ou depois. Considerem apenas a idéia de Emerson, em seu Diário, de "fazer a passagem", como uma

[5] Referência a porquinho de uma fábula escocesa. (N. da R.)

contribuição àquilo que observei anteriormente, ao justapor Wittgenstein e Kierkegaard, sobre a questão de *mover-se* no caminho filosófico, de progredir. Não sei se outros reagirão tão alegremente quanto eu ao relato de Emerson de uma fábula tão singela, tão terra a terra sobre o atraso americano. Minha experiência sugere que, quem sonha adiantar-se em direção ao choque do reconhecimento com Emerson, certamente manterá contato com Grumphy.

I.
DECLINANDO DO DECLÍNIO
Wittgenstein, Filósofo da Cultura

Quando os organizadores de um pequeno seminário sobre Wittgenstein, a realizar-se em Tromsø, na Noruega, ao final de setembro de 1986, convidaram-me para abordar o tópico de Wittgenstein como filósofo da cultura, fiquei evidentemente encantado com a idéia de vislumbrar o mundo além do Círculo Ártico e aceitei, mas apenas no vôo de volta aos encantos da Nova Inglaterra dei-me conta de que jamais soubera ao certo o que haviam esperado ou desejado de mim — nem mesmo se eu deveria referir-me fundamentalmente ao sentido antropológico de "cultura", dentro do qual toda sociedade organizada tem, ou é, uma cultura (ou mais de uma), e portanto talvez sobre a relação de Wittgenstein com questões do assim-chamado relativismo cultural, ou talvez a sua ênfase no aspecto social da linguagem, em oposição ao aspecto privado; ou se fundamentalmente (ou igualmente) deveria ter considerado um sentido artístico de cultura elevada que pode faltar em determinada sociedade (em alguma ou algumas das artes, talvez em todas?) e, em conseqüência, enfocar a posição de Wittgenstein enquanto escritor e o peso dessa vocação em sua vocação de filósofo (um peso com o qual a maior parte dos filósofos não teve que arcar — ou sim?), ou talvez sua relação com sua bagagem de leitura, com os escritores que admirava e que o provocavam, alguns incluídos como seus oponentes, outros não. Tal bagagem é famosa por incluir nomes como Kierkegaard, Spengler, Weininger e Freud, e por colocar em segundo plano nomes que a maior parte dos filósofos profissionais na tradição filosófica de língua inglesa teria citado como essenciais em sua obra, como parte de sua formação (Frege, Russell, Moore), além de não mencionar os nomes da tradição profissional de língua alemã (sobretudo Kant e Hegel). Wittgenstein compartilha suas exclusões, ou as viabiliza, respaldado por outras grandes figuras no desenvolvimento da assim-chamada filosofia analítica, ao passo que, quanto a suas inclusões, ele não as compartilha nem tem o respaldo de ninguém — quero dizer, nenhum outro filósofo formado pelo ou contra o desenvolvimento da filosofia analítica (quer na linha matemático-lógico-física advinda de Frege e Russell e inspiradora do positivismo lógico, quer na linha da análise lingüística advinda de Moore e que levou, de maneira oblíqua, a Austin).

As inclusões singulares estavam mais em meu pensamento do que as exclusões compartilhadas, enquanto pensava sobre o convite da Noruega e percebia que minhas idéias, embora seguissem em várias direções, eram guiadas por dois pensamentos — ambos sujeitos a controvérsia, em minha opinião.

Em primeiro lugar, mesmo que se possa partir do princípio de que Wittgenstein é aceito como uma das mais importantes vozes filosóficas no Ocidente desde Kant, causa espécie descobrir que sua recepção pela filosofia profissional é insuficiente, que o fervor ou seriedade espiritual de sua escritura é interna a seus ensinamentos (digamos, a sua maneira ou método são inerentes à substância), e que algo na própria profissionalização da filosofia impede os filósofos profissionais de levarem sua seriedade a sério. Levanto a questão de forma a trazer à luz a patologia estrutural dessa prevenção — na cegueira da filosofia, ou em sua visão reduzida diante de um de seus mestres — por várias razões. Sobretudo, para indicar que não estou interessado em expressar ou atribuir culpas por tal situação, quer àqueles que possam negligenciar o fervor espiritual como filosoficamente impertinente, quer àqueles que possam insistir no fervor impertinentemente. Os detratores de Wittgenstein reagirão à sua seriedade vendo nesta um assunto para a psicologia ou, na melhor das hipóteses, como um fenômeno estético, um excesso estilístico; seus seguidores mais provavelmente vão senti-la como uma imperiosa exigência moral ou religiosa, como um impreciso — talvez impossível de precisar — abismo.

O segundo pensamento que me guiou, talvez não tão controverso por ser menos considerado, foi a idéia de que uma filosofia da cultura assinala algo de fundamental, embora ainda não totalmente especificável, no ensino de Wittgenstein, algo que lhe é interno. Trata-se de uma forma de ver o ensino. Isto significa que não vejo as observações de Wittgenstein (as que conheço, digamos, aquelas reunidas na admirável coleção do professor von Wright de passagens inéditas de manuscritos de Wittgenstein, com o título *Culture and value*) sobre, por exemplo, a música e o sentido do judaísmo, sobre a originalidade e a arquitetura, sobre Shakespeare, como uma reivindicação para se considerar Wittgenstein como um filósofo da cultura. Essas observações, em si mesmas, não são em geral tão interessantes quanto aquelas sobre os mesmos tópicos, ou similares, que podem ser encontradas na crítica cultural de Theodor Adorno, por exemplo, ou certamente em Hannah Arendt, para não falar em páginas comparáveis de Kafka ou Freud, Nietzsche ou Marx, figuras equiparáveis a Wittgenstein em distinção e força intelectuais. As observações de Wittgenstein sobre questões ditas culturais como aquelas que citei são interessantes principalmente pelo fato de terem sido feitas por Wittgenstein. Isso não é assunto de pouca monta: requer de nós perguntar quem, ou o que, é Wittgenstein e, então, o que constitui a reivindicação de seu nome como filósofo da cultura, e de que forma isso é interno a seu ensino.

Dizer o que tais questões compreendem será minha maneira de atentar para a advertência do professor von Wright, em seu Prefácio a *Culture and value*, de que "estas notas só poderão ser adequadamente entendidas e apreciadas sobre o pano de fundo da filosofia de Wittgenstein". Devo logo acrescentar que, por "filosofia de Wittgenstein" ou "ensinamento de Wittgenstein", sempre, e quase sempre exclusivamente, entendo o que está contido em *Investigações filosóficas*. Poder-se-ia objetar a esse procedimento alegando-se que não é possível compreender essa obra sem a ver em seu desenvolvimento a partir do *Tractatus logico-philosophicus* e da obra de Wittgenstein da década de 30. Talvez seja assim; talvez, o inverso. O assunto de que trato aqui, contudo, só pode ser as *Investigações*, da forma como as herdei, no trabalho filosófico que faço. Há diferenças de ênfase que considero imprescindível esboçar, mesmo que em poucos traços, entre minha forma de ver *Investigações* e outras que conheço: a saber, o que tenho em mente ao dizer que existe uma perspectiva a partir da qual a filosofia de Wittgenstein pode ser vista como uma filosofia da cultura. Penso nelas como diferentes direções de resposta às perguntas: o que é o caráter cotidiano ou ordinário da linguagem? O que é uma forma de vida?

O Cotidiano como Lar

Investigações presta-se, ou talvez convide, a ênfases rivais em sua consideração do discurso humano — ênfase ao mostrar desconfiança da linguagem, ou ênfase ao mostrar confiança na fala humana comum. Essa competição é emblemática da luta da filosofia consigo mesma. Todo leitor do livro reagirá de alguma forma aos dois lados, ou vozes.

Aqueles que enfatizam a desconfiança de Wittgenstein para com a linguagem prendem-se mais ao lado de seu pensamento que fala, de várias maneiras, de "problemas, que surgem através de uma má interpretação de nossas formas de linguagem" (*Investigações filosóficas*, §111). Chegando a *Investigações* não a partir do *Tractatus* mas, de certa forma, a partir delas próprias, o que mais me impressiona é o lado de Wittgenstein que confia no falar comum, que descobre a paz que existe à parte das "inquietações profundas" (*ibid.*) de nossas más interpretações filosóficas, no apelo do cotidiano. Não quero dizer que, no *Tractatus*, Wittgenstein desconfie da linguagem cotidiana (para interesses cotidianos?). Nessa obra, há a famosa afirmação: "De fato, todas as proposições de nossa linguagem cotidiana, da forma como se apresentam, estão em perfeita ordem lógica" (5.5563). Mas essa ordem não é exatamente, conforme penso que sucede em *Investigações*, reconhecida como um meio do pensar filosófico. Para a filosofia, o poder desse reconhecimento do comum, do ordinário, liga-se ao reconhecimento de que recusar ou forçar a ordem do ordinário é causa de vazio filosófico (digamos, evitação) e de violência filosófica. Qualquer que seja a distância entre aquilo que na passagem acima citada, do *Tractatus*, é chamado *unserer Umgangssprache* (traduzido para o inglês por Pears e McGuinness como "*our everyday language*" [nossa linguagem cotidiana], e que pode, sem menos perigo, ser traduzido como "*our colloquial language*" [nossa linguagem coloquial]; a tradução anterior de C.K. Ogden fora "*our colloquial language*") e isso em *Investigações* é chamado *unserer alltäglichen Sprache* (§134) (traduzido para o inglês por Anscombe como "*our everyday language*"), sua continuidade no pensamento de Wittgenstein sendo assegurada por seu uso, nos dois casos, de *nosso*); a distância é medida por sua posterior percepção do ordinário em conexão com a idéia do lar. O que pretendi dizer, aludindo a algum "perigo" na tradução de *Umgangssprache* por linguagem coloquial, é que isso pode dar a impressão de que as palavras sejam modismos da fala ou ditames da socialidade, formas de expressão mais ou menos evanescentes ou arbitrárias, sempre a serem ultrapassadas filosoficamente em direção a algo mais permanente e preciso. O perigo de traduzir *Umgangssprache* por linguagem coloquial é que, com isso, perde-se a extraordinária representação que a palavra em alemão tem da linguagem de todo dia como forma de circulação, de comunicação como troca; a própria palavra se torna, por assim dizer, coloquial. Não estou dizendo que a informalidade do coloquial seja insignificante, digo apenas que não é mais significativa do que a formalidade do discurso erudito. No entanto, os filósofos acham-se no sagrado direito de desconfiar do cotidiano, como na Segunda Meditação de Descartes: "[...] as palavras me impedem, e encontro-me quase que enganado pelos termos da linguagem ordinária. Pois nós dizemos que vemos a mesma cera [...]". E não conheço nenhum filósofo respeitável, desde a época de Descartes, que confie a saúde do espírito humano à linguagem ordinária com tanta inteireza quanto o faz Wittgenstein. (Não estou aqui considerando Austin e as áreas de conjunção entre ele e Wittgenstein. Digo apenas que meu velho mestre me parece (exceto em certos casos notáveis) fantasticamente subestimado nos círculos que geralmente freqüento — reduzido a uma pseudo-ciência, ou aceito como a sensibilidade superficial que ele próprio gostava de se atribuir — aliás, de modo profundamente perverso.) Filósofos anteriores a Wittgenstein já haviam descoberto que nossas vidas são distorcidas ou atraiçoadas pela ilusão. Mas que outro filósofo descobriu o antídoto para a ilusão na humildade específica, reiterada, de lembrar e de rastrear os usos de palavras humildes olhando filosoficamente, por assim dizer, sob os nossos pés, em lugar de por sobre as nossas cabeças?

Ao fazer tal indagação (quanto a confiar a saúde do espírito humano) estou de fato equipado com nomes, antes de todos os de Emerson e de Thoreau, cuja ênfase naquilo que eles chamam de o comum, o cotidiano, o próximo, o baixo, como tenho nos últimos anos enfatizado, endossa o sentido do ordinário buscado nos métodos da linguagem cotidiana de Wittgenstein e de Austin. Voltarei diversas vezes a Emerson e a Thoreau, mas de imediato devo reconhecer, envolvido como estou no método do resgate do ordinário, meu compromisso de encontrar uma medida da originalidade de Wittgenstein na originalidade de sua abordagem do cotidiano.

Nunca deixo de me impressionar com a pergunta que Wittgenstein se faz, ao descrever seu itinerário: "esta palavra é realmente sempre usada assim na linguagem, na qual tem o seu torrão natal?" (§116). Isto exprime a noção de que, na filosofia, (onde quer que ela esteja) as palavras estão de alguma forma "à parte", como que em exílio, uma vez que a palavra de Wittgenstein busca seu *Heimat*. A imagem ou idéia de nossas palavras como estando fora, ausentes, ou vadias, lança uma certa luz sobre o que Wittgenstein tem em mente, ao falar da linguagem na filosofia como estando "ociosa", "em ponto morto" (cf. §132): ela apresenta tal condição como causada por nós, uma vez que se trata de nossas palavras, e não por algo inerente à linguagem; ou, ao menos, é uma condição pela qual nós, cada um de nós filósofos, somos responsáveis ou temos que responder, não no sentido de que fôssemos nós, pessoalmente, que baníssemos nossas palavras, mas como se nos coubesse buscar a sua volta. Wittgenstein diz, na frase seguinte àquela que contém *Heimat*: "*Nós* conduzimos as palavras do seu emprego metafísico de volta ao seu emprego cotidiano". "*Wir* führen die Wörter [...]". "Nós" em oposição a "filósofos" (a esse lado de nós mesmos); e, acredito, a *maneira* como nós as "trazemos", em oposição à maneira como os filósofos as "empregam". (A partir de que ponto de vista a idéia de "emprego", de "uso", é vista aqui, da perspectiva da filosofia ou do cotidiano? O cotidiano *é* um ponto de vista? Pensar dessa forma será em si uma distorção filosófica? Então, talvez aqui exista uma sugestão de que pensar nas trocas do dia-a-dia em termos de "empregar" palavras já seja uma suspeita de que as empregamos mal, de que as maltratamos, até mesmo cotidianamente. Como se a própria identificação do cotidiano exigisse filosofia em demasia.) Minha concepção da prática de Wittgenstein ficaria um pouco mais clara se traduzíssemos a idéia de trazer as palavras de volta por *levá-las* de volta, pastoreando-as; o que sugere não somente que temos que encontrá-las, temos que ir até onde vagaram, mas que elas só retornarão se as atrairmos e comandarmos, o que exige que as escutemos. Mas essa tradução é só um pouco melhor, porque o comportamento das palavras não é algo separado das nossas vidas, nós que com elas nascemos, que as dominamos. As próprias vidas terão que retornar.

Mas, mesmo se alguém concordar que tais intuições estão por vezes expressas na escrita de Wittgenstein, será que a maneira fantasiosa ou melodramática como as expressei não mostra logo que elas apresentam um problema psicológico (meu, não de Wittgenstein) a ser tratado, na melhor das hipóteses, como uma questão estética? Eu poderia responder que minhas expressões não são mais melodramáticas do que certos momentos em Wittgenstein, por exemplo, quando ele nos descreve como "cativos" ou "enfeitiçados" em relação à linguagem. Porém, isso poderia apenas significar que Wittgenstein ocasionalmente se deixa levar por um certo gosto pelo melodrama. Feito este parêntese, o sentido da perda, ou do exílio, das palavras em Wittgenstein é muito mais radical do que se vê nas imagens que citei.

O sentimento das palavras como estando "distantes", como tendo de ser guiadas "de volta", permeia *Investigações*, até o ponto em que, digamos, o sentimento de falar como estando "fora de um determinado jogo" (§47) é algo também ali patente. Escolhi aqui uma frase sobre "estar fora" cuja entrada é bastante casual, sem apelo dramático, tanto para indicar a abrangência do sentimento que desejo descrever quanto para reconhecer que este só pode ser compartilhado por alguém que veja o sentimento específico de sua própria prática de pensar como derivada de Wittgenstein. É tão notório que ele inspira *várias* práticas que não preciso desculpar-me por querer seguir a minha, desde que esta realmente nos leve de volta a seu texto, embora a uma região limitada. Meu sentimento, entretanto, é que a ameaça ou o fato do exílio no filosofar de Wittgenstein — refiro-me naturalmente ao exílio das palavras — não é limitado.

O exílio é interpretado na caracterização geral de Wittgenstein: "Um problema filosófico tem a forma: 'Não consigo achar o meu caminho'." (cf. §123). Tal caracterização tem justamente a ver com a idéia de Wittgenstein de uma "(re)presentação perspícua" [*Übersichtliche Darstellung*] (cf. §122) como que marcando o fim ou a desaparição de um problema filosófico. O que Wittgenstein pretende ao dizer que uma investigação gramatical pode pôr a nu nossos critérios é precisamente a trilha filosófica em direção ao fim ou à desaparição de um problema filosófico. Então, pode-se tomar a idéia de não saber o caminho, de estar perdido, como a forma específica do *começo* ou da *aparição* de um problema filosófico. Chama-me a atenção, aqui, o que as palavras em alemão sugerem — *Ich kenne mich nicht aus* — no sentido de que a questão em pauta é a da perda do auto-conhecimento; de se estar, por assim dizer, à deriva. Se existe melodrama aqui, ele está em toda a parte, em *Investigações*.

Trago, sem dúvida, as marcas de haver lido Thoreau e textos de escritores afins. Penso no oitavo capítulo de *Walden*, intitulado "The village" ["A aldeia"]: "Não é senão quando nos perdemos [ou damos voltas sobre nossos passos], em outras palavras, não é senão quando perdemos o mundo que começamos a nos encontrar, e a perceber onde estamos e a extensão infinita de nossas relações". Perder-se, encontrar-se, girar sobre os próprios passos, são conceitos fundadores em *Walden* de Thoreau, o que integra várias tradições de escrita que identificam a escuridão espiritual como perda, como necessidade de dar voltas, na busca de um caminho; como, por exemplo, naquilo que é, segundo suponho, o maior momento de abertura na literatura ocidental, figurando especificamente tal estado: "Da nossa vida em meio da jornada/ Achei-me numa selva tenebrosa/ Tendo perdido a verdadeira estrada./ Dizer qual era é coisa tão penosa [...]"[1]. Naturalmente, cito Dante para associar o texto de Wittgenstein a outra grandeza, mas igualmente para lembrar a recorrência de uma certa dimensão das preocupações de *Investigações*, inclusive a ênfase na dificuldade. (O pequeno parágrafo de abertura de *Walden* não contém a palavra *journey* [jornada] mas, em seu lugar, *sojourner* [hóspede, residente temporário].

Mas, mesmo que se concordasse quanto à conexão aqui sugerida, a forma do problema filosófico em Wittgenstein não fala de *um* meio de uma jornada, mas de muitas jornadas, de muitos meios, de repetidas perdas e recuperações de si mesmo; a comparação é, portanto, exagerada, melodramaticamente excessiva. Em um certo sentido concordo com isto, em outro discordo. Discordo porque *Investigações* exibe, de modo tão puro quanto qualquer outra obra filosófica que eu conheça, o filosofar como uma luta espiritual, especificamente uma luta contra as profundezas opostas de si mesmo, as quais, no mundo moderno, apresentar-se-ão com toques de loucura. "Sem dúvida, quando a água ferve na panela, o vapor sobe da panela e a imagem do vapor sobe também da imagem da panela. Mas, e se alguém quisesse dizer que na imagem da panela algo teria de ferver também?" (§297). Aqui, Wittgenstein parece deliberadamente perguntar se essa insistência — esse excesso, essa pequena cena de melodrama — vem dele ou de seu interlocutor (quem, ou o que quer que seja, e supondo que haja algum). Suponhamos que Descartes descobrisse para a filosofia que confrontar a ameaça ou a tentação do ceticismo fosse arriscar-se à loucura. Então, desde que na minha opinião *Investigações* confronta a cada momento essa tentação e encontra sua vitória exatamente por nunca reivindicar uma vitória filosófica final sobre o (a tentação do) ceticismo, o que significaria uma vitória sobre o humano, seu filósofo precisa aprender a colocar [*to place*] e a recolocar/substituir [*to replace*] a loucura, a nada negar, a todo momento.

Mas também concordo com a objeção de que exagero porque Wittgenstein notadamente não usa o tom do excesso; ao contrário, alguns chegam a lê-lo como que questionando ou negando o fato de que nós geralmente sofremos e exibimos inevitavelmente, por exem-

[1] Sobre a tradução de Dante, ver "Livros Citados". (N. da T.)

plo, a dor. Se *Investigações* é uma obra de luta espiritual contínua, então uma certa harmonia no tom, seu equilíbrio psicológico é, nela, a marca do sublime, a medida de sua realização para a filosofia. Considero que Wittgenstein é o nome dos dois lados dessa luta de que falo, de suas duas vozes (para meus presentes propósitos, só preciso invocar duas), as quais tenho chamado a voz da tentação e a voz da correção. Desta forma, o exílio das palavras nos desesperos e anseios do interlocutor — "Mas, é claro que o outro não pode sentir ESTA dor!" (§253) — é, poder-se-ia dizer, o exílio fora de si mesmo. Não digo, porém, que a luta seja inteiramente consigo próprio; será necessário para a filosofia enfrentar a loucura, ou a desproporção, em outrem.

Ao caracterizar a afirmação que contém o hiperbólico "ESTA dor" (na narrativa de Wittgenstein, dito por alguém que bate no próprio peito) expressando desespero e anseio, pretendo chamar atenção para a resposta de Wittgenstein a tal exclamação: "A resposta a esta colocação é que não se define um critério de identidade pela acentuação enfática da palavra 'esta'". Como isso pode ser uma "resposta"? E por que a resposta melhor, mais direta, não é dizer "Sim, claro que posso!" e bater no peito exatamente da mesma maneira? Isso não seria inteiramente falso. Poderia até mesmo ser eficiente (como uma piada). Mas o que isto mostra é que o próprio esforço de negar o ceticismo é uma expressão de ceticismo. A resposta "mais direta" nega a expressão de desespero e de ansiedade do outro, exprimindo-as apenas por sua própria conta. A questão, portanto, é saber como a resposta de Wittgenstein admite a expressão e responde a ela.

Uma outra medida do êxito de Wittgenstein nesse campo, uma outra forma intelectual para aferir sua escala, é ver a afinidade existente entre o que chamo de as suas narrações de exílio fora de si mesmo e aquilo que, desde o século XIX, aprendemos a chamar de alienação. Cito aqui uma passagem do livro de Kierkegaard *O livro de Adler, ou um ciclo de ensaios ético-religiosos*, também intitulado *A confusão religiosa dos dias de hoje*. Kierkegaard escreve:

> *A maior parte dos homens vive em relação a seu próprio eu como se estivesse constantemente de fora, nunca em casa [...] A admirável qualidade de Magister A consiste no fato de que, num sentido sério e rigoroso, pode-se dizer que ele foi visitado por um poder mais elevado; pois, antes disso, ele estava certamente, num sentido amplo, "fora", ou*

numa terra estrangeira [...] *Entendida num sentido espiritual e religioso, a perdição consiste em viajar para o âmbito de uma terra estrangeira, em estar "fora".*

Perdição, naturalmente, é uma maneira de dizer: à deriva. E este é o Kierkegard cujo Cavaleiro da Fé, por exemplo, não realiza exatamente o cotidiano, mas "o sublime no corriqueiro" (*Temor e tremor*, p. 52). Não desejo sugerir que o sentido (melodramático) do corriqueiro, do pedestre, que Kierkegard aqui expressa, com sua interpretação transfiguradora do passo humano ao caminhar, combine com a idéia do cotidiano, do ordinário em Wittgenstein. Entretanto, parece-me que posso entender a percepção de Kierkegaard como uma versão religiosa da percepção de Wittgenstein. Nesse caso, há uma intuição de que o cotidiano, digamos, o temporal, é uma façanha, de que nos furtamos às suas tarefas, assim como a época atual se furta das tarefas da eternidade; um sentido, eu gostaria de dizer, de que nessas tarefas, agora e sempre, nossa humanidade, nossa finitude, devem ser aceitas, devem ser suportadas. Aquilo que, na filosofia, desafia nossa humanidade e é tentador, quer no sentido do desespero excessivo, quer no sentido da falsa esperança, chama-se ceticismo. É uma cena da luta da filosofia consigo mesma, por si mesma. Por que, então, não pode ser ignorada? Para Wittgenstein, isso equivaleria a ignorar a filosofia, e certamente nada poderia ser ignorado com tanta facilidade — a menos que a falsa esperança e o desespero excessivo sejam sinais ou efeitos de uma filosofia despercebida.

Formas de Vida

Ao falar há pouco de uma possível interpretação religiosa da concepção do ordinário em Wittgenstein, lembrava-me de uma frase usada pelo amigo de Wittgenstein, dr. Drury, que relata ter se perguntado se podia ver — conforme a sugestão de Wittgenstein de que isso era possível — "que os problemas discutidos em *Investigações* [estavam] sendo vistos a partir de um ponto de vista religioso" (*Recollections of Wittgenstein*, R. Rhees ed., p. 79). Mas, embora aquilo que Kierkegaard chamasse de ciclo de ensaios "Ético-religiosos" fosse um livro sobre "a época atual" da forma que se espera de uma filosofia ou crítica da cultura, sua relação *consigo mesmo*, de certa forma, não é o que se exige de uma obra filosófica, e certamente não é aquilo que *Investigações* espera de sua relação consigo mesma, de suas incessantes voltas em torno de si. O que a associação sugere é a significância do fato de que, apesar da presença intuitiva de algo que permeia *Investigações* e que se expressa como uma demanda moral ou religiosa, tal demanda não é, ali, objeto de um estudo *separado*, a que chamamos Ética. É como se as necessidades da vida e da cultura descritas em *Investigações* estivessem além do alcance daquilo que concebemos como juízo moral. (Não é que o ceticismo seja bom ou mau, certo ou errado, prudente ou temerário; não desejo — vocês discordam? — dizer que vocês *devem* levar as palavras de volta a seu uso cotidiano.) Para dizer alguma coisa sobre o que possa ser uma luta espiritual, preciso voltar à segunda das minhas diferenças de ênfase com relação a outras leituras de *Investigações*, a saber, quanto à idéia de Wittgenstein de formas de vida.

De acordo com a interpretação habitual, com essa idéia Wittgenstein enfatiza a natureza social da linguagem e da conduta humanas — como se sua missão fosse repreender a filosofia por concentrar-se demasiadamente em indivíduos isolados, ou por enfatizar o interior às expensas do exterior, na investigação de questões como o significado, estados de consciência, ou o fato de se seguir uma regra etc.; em suma, uma idéia da missão de Wittgenstein como sendo essencialmente um assunto pertinente àquilo que ele chama de práticas ou convenções. Certamente essa idéia da idéia não está errada, e nada é mais importante. Mas a insistência habitual no social eclipsa a preocupação geminada de *Investigações*, que podemos chamar de o natural, sob a forma de "reações naturais" (§185), ou de "história natural fictícia" (cf. p. 295), ou de "o modo de agir comum dos homens" (§206). O eclipse parcial do natural torna o ensino de *Investigações* demasiadamente convencionalista, eu diria — como se, ao dizer que os seres humanos "estão concordes na linguagem", Wittgenstein imaginasse que temos entre nós algum tipo de contrato, ou uma série de regras implícita ou explicitamente combinada (o que alguém também poderia imaginar que nos falta). Wittgenstein prossegue, dizendo: "Isto [a concordância na linguagem] não é uma concordância de opiniões mas de formas de vida". (§241). Um sentido convencional de forma de vida sustentará um sentido convencional, ou contratual, de concordância. Mas há um outro sentido de forma de vida que contesta esse anterior.

Chamemos ao primeiro o sentido etnológico, ou horizontal. Em oposição a esse, existe o sentido biológico, ou vertical. O que está aqui em questão não são apenas diferenças entre prometer e realmente ter a intenção, ou entre coroações e investimentos de cargos, ou entre o escambo e um sistema de crédito, ou entre transferir seu dinheiro ou espada de uma mão para a outra e passar seu dinheiro ou espada para as mãos de outra pessoa; essas são diferenças que se situam dentro do plano, ou horizonte, do social, da sociedade humana. O sentido biológico ou vertical de forma de vida recorda as diferenças entre o que é humano e as formas de vida ditas "inferiores" ou "superiores" — entre, digamos, espetar a comida, talvez com um garfo, e pegar nela com a pata ou bicá-la. Aqui entra a bela história da mão e do polegar que se lhe opõe, e da postura ereta e dos olhos que se voltam para o céu; mas também da força e do âmbito específicos do corpo humano, dos sentidos humanos, da voz humana.

Às vezes Wittgenstein parece cultivar a confusão entre a ênfase no social ou no natural. Por exemplo: "O que deve ser aceito, o dado — poder-se-ia dizer — são *formas de vida*" (p. 292). Os comentadores de Wittgenstein, tanto favoráveis como desfavoráveis, parecem encarar isso como uma refutação do ceticismo quanto à existência de outras mentes. Considerado em sua direção social, tal significaria que a própria existência, digamos, do sacramento do matrimônio, ou da história da propriedade privada, do ritual do aperto de mãos ou finalmente, segundo suponho, da existência da linguagem, constituem provas da existência dos outros. Isto, em si, não é exatamente incorreto. Pode ser entendido como uma visão, classicamente expressa, do social como natural ao que é humano. Porém, como tem acontecido mais recentemente, se isso for entendido como uma refutação ao ceticismo, então a questão cética se impõe. Porque, se aquilo que "aceitamos" como seres humanos "resultar" em autômatos ou extra-terrestres, então por que não supor que autômatos ou extra-terrestres possam casar-se, ter propriedade privada, cumprimentar-se com apertos de mão e possuir a linguagem? Vocês podem responder que, uma vez assegurado o que são tais coisas, nós (quem?) não mais diremos realmente (ou não permitiremos?) que "eles" se casam, possuem, cumprimentam, falam. Talvez, mas então isso mostra que o fato de exibir ou "participar" de formas sociais não faz de qualquer ser um ser humano.

Em *The claim of reason* (p. 83), proponho a formulação de que as formas de vida têm de ser aceitas, sendo o dado, no sentido biológico — enfatizando não as *formas* de vida, mas as formas de *vida* — e considero que isso marca o limite e fornece as condições para o uso de critérios no que diz respeito a outros. Os critérios de dor, digamos, não se aplicam àquilo que não apresenta uma forma de vida, não se referindo, assim, ao âmbito do inorgânico e, mais especificamente no contexto de *Investigações*, tampouco ao âmbito das máquinas; e não há critério para determinar aquilo que apresenta uma forma de vida. Essa interpretação é parte de minha argumentação de que os critérios não asseguram, nem pretendem assegurar, a existência de estados de consciência, por exemplo; de que eles não fornecem refutações ao ceticismo. Então surge a questão: por que esperar que o façam? Por que nos decepcionamos diante dos critérios, assim como nos decepcionamos, de certa forma, com a própria linguagem?

A formulação de Wittgenstein sobre a nossa obrigação de aceitar o dado tem tido sua parte, estou certo, na visão de que *Investigações* seria uma obra política e socialmente conservadora. Foi essa a primeira das descrições, ou acusações, de cunho político ou social de que me recordo, contra *Investigações*. Escritores tão diversos como Bertrand Russell e Ernest Gellner reagiram ao apelo do livro ao ordinário ou cotidiano como a expressão de um receio, por assim dizer, *petit bourgeois* de mudança, quer por parte da inventiva individual, quer da revolução social. Pela minha parte, penso que Wittgenstein deixa mesmo uma abertura para acusações como essa, porque uma certa desconfiança, até mesmo horror, de mudança — quando a mudança ocorre sob certas formas — é parte da sensibilidade de *Investigações*. Mas dizer apenas isso equivale a negligenciar o apelo igualmente palpável, no livro, à transfiguração, que pode ser pensada em termos de revolução ou de conversão. ("É preciso dar uma guinada em nossa reflexão, mas em volta de nossa verdadeira necessidade como ponto axial." (§108).) Wittgenstein não insiste na palavra "necessidade" ou na palavra "guinada", mas o peso de uma idéia de necessidade verdadeira em oposição à falsa necessidade não me parece menor, em *Investigações*, do que naqueles textos filosóficos os quais, num estilo mais célebre e elaborado, apresentam considerações sobre necessidades artificiais, tais como *A república*, *O contrato social* e *Walden*.

Sugeri que a interpretação biológica de forma de vida não é meramente uma interpretação alternativa à interpretação etnológica, mas que ela contesta a imputação de conservadorismo político ou social. Minha opinião é que essa absorção recíproca do natural e do social é conseqüência da visão de Wittgenstein daquilo que podemos também chamar a forma de vida humana. Ao nos ser sugerido aceitá-la, ou suportá-la, conforme nos é dada, não nos é pedido para aceitar, digamos, a propriedade privada, mas a separação; não um fato particular de poder, mas o fato de que sou um homem e, portanto, dotado *desta* (escala ou âmbito de) capacidade de trabalho, prazer, resistência, atração, comando, compreensão, desejo, determinação, aprendizado, sofrimento. A escala ou o âmbito exato não é conhecível *a priori*, assim como a escala ou o âmbito exato de uma palavra tampouco o é. Pode-se, naturalmente, *fixar* a escala; pode-se também confinar um homem ou uma mulher, e nem todas as formas ou sentidos de confinamento são conhecíveis *a priori*. A retórica da humanidade como uma forma, ou nível, de vida, necessitando de algo como transfiguração — uma mudança radical mas, por assim dizer, de dentro para fora e não causada *por* alguma coisa; alguns falam de um outro nascimento, simbolizando uma nova ordem de reações naturais — é típica de uma linha de sensibilidades aparentemente contraditórias, que tanto podem parecer radicalmente inovadoras (em ação ou em sentimento) como radicalmente conservadoras: Lutero foi uma dessas sensibilidades; assim também Rousseau e Thoreau. Thoreau chama a si mesmo de desobediente, porém ele não quer dizer que se recuse a escutar, mas que insiste em escutar diferentemente, embora de maneira ainda compreensível. Ele chama àquilo que faz, revisão (da mitologia). As sensibilidades nessa linha, talvez seja melhor chamar de revisores do que de reformadores ou revolucionários.

Eles podem dar a impressão de que se tornam propositadamente difíceis de compreender. Vejamos a observação de Emerson, no terceiro parágrafo de "Self-reliance": "Aceita o lugar que a divina providência te designou, a sociedade de teus contemporâneos, a correlação de eventos". Todos os leitores de Emerson que encontrei entendem essa passagem como se ela pregasse o conservadorismo, como se dissesse: "Aceita o lugar que a sociedade te designou". Mas o que ela diz é justamente o oposto, uma vez que o lugar que a divina providência lhe designou talvez exija que você deixe a sociedade de seus contemporâneos, digamos, que parta em exílio; então, aceitar a sociedade dos contemporâneos significa reconhecer que é exatamente deles que você busca exilar-se e que, sendo assim, é face a eles e em você mesmo que terá de justificar-se. Mas então, por que Emerson dá a impressão (segundo creio, deliberadamente) de conservadorismo político justo nessa frase? Para mim, é uma questão equiparável à pergunta de Wittgenstein: "O que dá a impressão de que queremos negar alguma coisa?" (§305). Alguma coisa *está* sendo atacada por Wittgenstein, *modos* de chegar à certeza de nossas vidas, figurações de proximidade e de conexão que negam, elas próprias, as condições de proximidade humana. Na observação de Emerson, o que está sendo atacado é, poder-se-ia dizer, um modo de chegar ao futuro (um modo de descobrir a América), figurações de progresso e de piedade que negam que as condições de uma sociedade de seres humanos que aceitem a si mesmos ainda estão por se realizar.

Chamo aqui a atenção para uma outra observação de Wittgenstein da mesma ordem e que dá a clara impressão de conservadorismo político: "[A filosofia] deixa tudo como é" (§124). Essa observação também me parece nitidamente radical, uma vez que deixar o mundo como ele é — para si mesmo, por assim dizer — pode exigir o mais paciente ato de pensamento (o que talvez signifique o mais refletido) a fim de que a verdadeira necessidade, digamos, o desejo, possa manifestar-se e ser obedecida; chamemos a isto o reconhecimento da separação. Tal possibilidade deveria ser descartada como função da inocência de um filósofo? Descartada, talvez, em favor da experiência de um político? Qual é a conexão que imaginamos existir — se é que o fazemos — entre o pensamento violento (o mais impaciente) e a ação violenta, quer no sentido da mudança a todo custo, quer da permanência a todo custo? — agarrando-se à diferença, negando a separação. (Emerson estará novamente aqui presente quando comentarmos, na próxima palestra, sua descoberta do "agarrar-se" no pensamento e na prática humana.) Estou, naturalmente, propondo aqui uma conexão entre a idéia de Wittgenstein de que a filosofia "deixa tudo como é" e a idéia de Heidegger do pensamento como "deixar-estar-diante-de nós" (como em sua elaboração de um dito de Parmênides nos últimos capítulos de *O que se chama pensar?*). Sei que alguns leitores de Wittgenstein e de Heidegger acharão a proposta dessa conexão um tanto forçada, talvez até ofensiva. Penso que vale a pena imaginar por quê. A proposição, por exemplo, seria *irrelevante* se não se levasse em consideração a proposição de Wittgenstein de que "a gramática diz que espécie de objeto uma coisa é" (§373), além de sua convicção de que a gramática, apesar de seu esquematismo nos critérios, nos é dada no ordinário, no comum.

O apelo, ou "abordagem", de Wittgenstein ao cotidiano descobre que o cotidiano (real) é uma cena tão permeada de ilusão, de transe e de artifícios (de necessidade) quanto o haviam dito Platão, Rousseau, Marx ou Thoreau. Sua filosofia do cotidiano (por vir) é a proposição de uma prática que se dispõe, que assume a responsabilidade, de dar conta, precisamente (não digo exclusivamente), dessa cena de ilusão e de perda; vai abordá-la ou, conforme eu diria, vai censurá-la, de maneira íntima o suficiente para poder revirá-la — ou pari-la; como se o real fosse o útero, contendo os termos daquilo que virá, ao final. A direção para fora da ilusão não é para o alto, visando a uma fixa estrela matutina; mas para baixo, visando à cadeia da negação de cada dia. Pode-se dizer, então, que a filosofia (enquanto descida) deixa tudo como é porque é uma recusa, digamos, uma desobediência a (uma falsa) escalada, ou transcendência. A filosofia (enquanto escalada) mostra a violência que deve ser recusada (desobedecida), que não deixou todas as coisas como são, indiferentes a mim, como que havendo coisas em si mesmas. O sol de Platão mostrou-nos o fato de nossas cadeias; mas aquele sol foi produzido por essas cadeias. Compartilhando da intuição de que a existência humana sofre a necessidade não de reforma mas de reformulação, de uma mudança que tenha a estrutura de uma transfiguração, a percepção de Wittgenstein revela que o ordinário tem, e só ele tem, o poder de mover o ordinário, de tornar habitável, transfigurado, o habitat humano. A prática do ordinário pode ser vista como a superação da reiteração, da réplica ou da imitação pela repetição, do contar pelo re-contar, do convocar [*call*] pelo evocar [*recall*]. É o familiar invadido por um outro familiar. A partir daí, os procedimentos da linguagem comum, como os procedimentos da psicanálise, partilham de forma essencial daquilo que é estranho, misterioso. (Sei que tal passagem, reunindo conceitos que apontam para tantas direções inexploradas, pode parecer dispersiva. Esses conceitos, além da orientação que me fornecem, estão aqui apresentados para os leitores com um certo gosto por sinais e, especialmente, para aqueles que talvez tenham se deparado com meus ensaios, intitulados "Recounting gains, showing losses: reading *The winter's tale*", (em *Disowning knowledge: in six plays of Shakespeare*); ou "Being old, getting even: Descartes, Emerson, Poe" ou "The uncanniness of the ordinary" (ambos em *In quest of the ordinary*).

Na primeira secção da parte II de *Investigações*, Wittgenstein dá um nome para algo que seria a forma de vida humana; ele chama a isso, mais ou menos, de falar.

> *Podemos imaginar um animal irado, medroso, triste, contente, assustado. Mas, esperançoso? E por que não?* [...] *Só pode ter esperança quem sabe falar? Somente quem*

*domina o emprego de uma linguagem. Isto é, os fenômenos da esperança são modificações [*Modificationen*] desta complicada forma de vida. [...]*

*"Aflição" descreve-nos um modelo [*Muster*] que retorna em diferentes variações no tapete da vida. Se a expressão corporal do desgosto e da alegria se alternasse numa pessoa, p. ex., com o tique-taque de um relógio, então não teríamos aqui o característico desenrolar do modelo do desgosto nem o do modelo da alegria.* (p. 233)

O que significa dizer que falar, ou seja, a posse da linguagem, é uma complicada forma de vida? Suponho que o sentido aqui atribuído por Wittgenstein não é evidente, e partilha de sua dificuldade peculiar. Observo três vias: 1. O humano é visto como irredutivelmente social e natural, como mental e físico. Isto pode parecer uma hipocrisia na ausência de especificação dessa dualidade, quero dizer, dessa unidade. Mas o que poderia dar conta de sua especificação, se quisermos prosseguir? 2. Trata-se de uma percepção que se equipara à de Freud (e talvez de Hegel, Marx e Nietzsche) quanto à determinação universal do significado, ou do significativo (ou "Razão") na vida humana, a percepção de que a conduta humana deve ser lida. 3. Segundo essa percepção, tudo que os humanos fazem e sofrem lhes é tão específico quanto esperar, prometer, calcular, sorrir, acenar, dar caminhadas, pular sem sair do lugar, estar nu, torturar. Essa listagem pretende recordar padrões, modelos no tecido da vida, modificações de nossa vida de falantes os quais nos são específicos e que só a nós dizem respeito, à forma de vida humana, tais como correr sem sair do lugar ou ter esperança, assim como padrões que compartilhamos com outras formas de vida, mas cujas variações humanas são ainda específicas, como comer, fungar, gritar de medo.

Então, a cultura em seu conjunto deve ser pensada como um sistema de modificações de nossas vidas de falantes? E isso indicaria que existe alguma coisa não modificada na vida humana, algo, por assim dizer, pré-cultural? Poderíamos talvez estar prontos para dizer que a cultura, em seu conjunto, é a obra de nossa vida de linguagem, que ela emerge com a linguagem, que é a manifestação, imagem ou externalização da linguagem. Tudo isso são imagens, naturalmente. Elas talvez sejam comuns a um certo estágio da história da cultura. Imaginar *uma* linguagem significa imaginar uma forma modificada de vida falante.

Não vejo uma forma direta de atenuar a obscuridade desse momento mas, indiretamente, talvez possa ajudar se tentarmos dizer porque a obscuridade é, aqui, tão terrível. Para mim, isso é uma outra função da obscuridade — talvez inevitável e, por isso mesmo, valiosa — da noção, em Wittgenstein, de critério e, a partir daí, de gramática. Suponhamos que todas as sensibilidades filosóficas venham a diferir, no que tange ao fundamento da linguagem — alguns inclinando-se à procura desse fundamento nas trocas entre falantes, outros, em sua relação com as coisas do mundo. Se nos contentarmos com uma descrição relativista ou behaviorista dessas faces da linguagem, podemos nos dar por satisfeitos com uma explicação contingente de tais conexões. Mas se intuirmos que existe alguma coisa *a priori* — uma necessidade, tanto nas trocas lingüísticas na cultura quanto na relação da linguagem com o mundo, ficaremos perplexos diante da possibilidade de uma conexão entre essas necessidades (como se as coisas do mundo tivessem que importar-se com aquilo que os seres humanos precisam suportar, a fim de conhecê-las!). É como se uma sensibilidade assim perplexa compartilhasse do sentido kantiano do *a priori* como possibilidade da linguagem, mas não pudesse tolerar dois dos custos intelectuais referidos por Kant: 1. a coisa em si como um remanescente ou excesso, além das categorias do entendimento; e 2. a tabela aristotélica dos juízos como chave para completar aquelas categorias. A recusa de tolerar esses custos parece-me uma motivação compreensível para a re-concepção, por Heidegger, da idéia da *coisa*, que será fundamental para a sua última filosofia. Sua re-concepção implica que a recuperação, resgate, ou redenção da coisa (em si) — processo essencial à redenção do humano — só se concretizará se houver uma mudança na cultura ocidental; uma mudança, só agora em andamento, que alterará os processos de julgamento do homem ocidental.

Por maiores que sejam, em outras questões, as oposições de gosto intelectual entre Wittgenstein e Heideggger, ao vincularem a compreensão do objetivo e do cultural eles estão mais próximos um do outro do que de qualquer outro grande filósofo de sua época. Pois a idéia wittgensteiniana de critério — se minha descrição dessa idéia em *The claim of reason* estiver correta — é como se fosse um pivô entre a necessidade da relação entre seres humanos, a que Wittgenstein chama "concordância de forma de vida" (§241), e a necessidade da relação entre a gramática e o mundo, que Wittgenstein caracteriza como dizer que espécie de objeto uma coisa é (§373), onde esse dizer expressa essência (§375) e realiza-se através de um processo que ele chama "invocar os próprios critérios". Se, por exemplo, você souber o que, na vida da linguagem cotidiana — quaisquer que sejam nossos critérios —, equivale a chegar a uma opinião, aferrar-se a uma opinião, vacilar repentinamente numa opinião, tentar mudar a opinião de alguém (quer de um amigo, quer de um inimigo) sobre qualquer assunto, não ter opinião ou ter uma opinião desfavorável sobre alguma coisa, ser intransigente nas opiniões, ser indiferente à opinião alheia (pública ou de um grupo privado) e outras coisas semelhantes; então você saberá o que *é* uma opinião. E presumivelmente compreenderá porque Wittgenstein diz: "Eu não sou da *opinião* de que ele tenha uma alma" (p. 238). E ele poderia ter dito: Eu não sou da opinião de que há um Deus, ou de que o mundo existe. É parte da visão de Wittgenstein o fato de que nossa própria noção da arbitrariedade de nossa linguagem, uma certa suspeita recorrente, ou insistência reativa, diante da convencionalidade da linguagem (uma inevitável suspeita de tempos a tempos (no período moderno?)) é, em si mesma, uma manifestação de ceticismo quanto à existência do mundo, e de mim próprio e de outros nele (no período moderno?).

Não imagino que tais pensamentos (sobre um critério wittgensteiniano como pivô entre duas necessidades) deixem de ser discutíveis; na verdade, meu desejo de localizar de um modo tão geral as intuições em jogo visa apenas a indicar que a questão deve ser sujeita à controvérsia, ou seja, não deve ser resolvida sem que se tenha em vista os procedimentos e os objetivos de Wittgenstein em relação à filosofia em sua totalidade. Relacionando a última problemática da *coisa*, em Heidegger, ao legado de Kant — assim como nos primeiros de meus textos filosóficos relacionei o tema das "possibilidades dos fenômenos", em *Investigações* (§90) (ou seja, dizer que espécie de objeto uma coisa é), ao tema da possibilidade em *Crítica da razão pura*, estou agora considerando a proximidade entre Heidegger e Wittgenstein como uma função do recuo estruturalmente semelhante, em ambos, do acordo de Kant com a coisa em si, um recuo que os leva a vincular duas "direções" de linguagem — uma delas para o exterior, para os objetos, e a outra interiorizada, dirigida à cultura e ao indivíduo. (Da mesma forma, minha reação global, por exemplo, à influente interpretação de Kripke da questão das regras em Wittgenstein é que, uma vez que a solução proposta por Kripke para aquilo que ele chama de o ceticismo de Wittgenstein com relação às regras continua a ser uma visão convencionalista de concordância, concordância sobre o uso ordinário, o modo como ele interpreta o ceticismo de Wittgenstein também deve ser convencionalista, ou melhor, já contém provavelmente um tanto de arbitrariedade. É importante que Wittgenstein *possa* ser assim interpretado; porém não é menos importante o fato de que ele não *precisa* ser interpretado assim. Portanto, a tarefa filosófica é revelar as forças em ação nessa alternativa, descobrir, por exemplo, se um lado recebe algum crédito indevido pela negação do outro.)

Posso, aqui, formular a dificuldade do acordo da seguinte maneira: não se pode compreender o que é um critério wittgensteiniano sem compreender a força de seu apelo ao cotidiano (porque ou como ele diz que tipo de objeto uma coisa é, por exemplo); e não se pode compreender o que é a força do apelo de Wittgenstein ao cotidiano sem compreender o que são seus critérios. Isso não é um paradoxo; significa que aquilo que, filosoficamente, constitui o cotidiano *são* os nossos "critérios" (e a possibilidade de repudiá-los). A nota paradoxal registra que, aqui, chega-se ao limite no ensino de Wittgenstein. É uma outra forma de dizer que o ceticismo subentende e une os conceitos de critério e de cotidiano, uma vez que o ceticismo exatamente repudia o ordinário como constituído por (ou pelo repúdio de) nossos critérios. Assim sendo, o apelo a critérios contra o ceticismo não pode superar o ceticismo, mas apenas evitar a questão.

Se alguém chegou (através de um processo cético) à convicção filosófica de que ser de uma opinião, ou mudar de opinião, é algo como ter, perder, ou modificar uma inclinação ou disposição, e (daí) de que nada que outra pessoa faça pode de fato garantir que ele esteja em tal estado, não haverá qualquer benefício intelectual em assegurar-lhe que nós, afinal de contas, compartilhamos de critérios sobre o que é uma opinião. A convicção cética, precisamente, escapa dessa segurança; seria como se eu fosse acreditar na existência de outra pessoa a partir da palavra dela mesma. As pessoas, é claro, podem me confirmar que o mundo existe, e eu nele, mas apenas sob a condição de que eu assim lhes permita, de que aceite sua palavra. Sua confirmação, dessa forma, é "condicional", ou derivativa; mas isso não significa que aceitar sua palavra seja inessencial.

Investigações como Descrição de Nossos Tempos

Vejamos se podemos agora delinear uma perspectiva segundo a qual, conforme afirmei, o autor de *Investigações* é um filósofo — até mesmo um crítico — da cultura. Começo a partir de uma variação sobre uma questão proposta pelo professor von Wright, em seu artigo "Wittgenstein in relation to his times" (in *Wittgenstein and his times*, editado por B. McGuinness). Von Wright pergunta se "a atitude de Wittgenstein para com a sua época", conquanto naturalmente essencial para compreender a personalidade intelectual de Wittgenstein, é também essencial para compreender a filosofia de Wittgenstein. Von Wright descreve a atitude em pauta, e com razão, como spengleriana, e vê uma ligação entre tal atitude e o desenvolvimento conceitual de sua filosofia na "visão peculiar de Wittgenstein sobre a natureza da filosofia".

> *Por causa da interligação entre linguagem e modos de vida, uma desordem naquela reflete a desordem nesses. Se os problemas filosóficos são sintomáticos do fato de que a linguagem produz excrescências malignas que obscurecem nosso pensamento, deve então haver um câncer na* Lebensweise, *no próprio modo de vida.*

Dada a minha convicção de que há duas direções na idéia de forma de vida, a referência de von Wright, aqui, a "um câncer no modo de vida" me inquieta. "Modo de vida" novamente me soa como uma expressão demasiado social, horizontal, para ser vinculada tão diretamente à linguagem humana como tal, à forma de vida dos falantes. E a idéia de um câncer no modo de vida de cultura não me parece um pensamento spengleriano. O termo "câncer" diz que um modo de vida está ameaçado por uma morte invasora, anormal, mas o "declínio" de Spengler que concerne à morte e à vida normais, digamos, internas, das culturas. Cito três passagens da Introdução a *O declínio do ocidente*:

> *Eu vejo, em lugar dessa ficção vazia de* uma *história linear* [...] *o drama de* uma quantidade *de Culturas poderosas, cada uma delas brotando com força primitiva do solo de uma região natal, à qual permanece firmemente vinculada através de todo o seu ciclo vital; cada uma delas im-*

primindo seu material, sua humanidade, em sua própria *imagem*; *cada uma* com suas próprias *idéias*, suas próprias *paixões*, sua própria *vida*, *vontade e sentimentos*, sua própria *morte* [...]

Cada cultura tem sua própria *civilização. Nesta obra, pela primeira vez, essas duas palavras, até agora usadas para expressar uma distinção indefinida, mais ou menos ética, são usadas em um sentido periódico, para expressar uma* sucessão orgânica *rigorosa e necessária. A civilização é o* destino *inevitável da Cultura* [...] *"O declínio do ocidente" contém nada menos que o problema da Civilização.*

Essas culturas, essências de vida sublimadas, crescem com a mesma soberba casualidade das flores do campo. Elas pertencem [...] *à Natureza viva de Goethe, e não à Natureza morta de Newton. Eu vejo a história do mundo como um quadro de formações e transformações sem fim, da maravilhosa expansão e retração de formas orgânicas.*

Não pretendo afirmar que Wittgenstein tenha derivado sua inflexão da idéia de formas de vida da idéia spengleriana de culturas como formas orgânicas (ou, nesse sentido, da Natureza viva de Goethe); mas a visão que Spengler tem de Cultura como uma espécie de Natureza (em oposição, digamos, a uma série de convenções) parece-me compartilhada, conquanto modificada, em *Investigações*.

Da mesma forma, conforme sugeri, tampouco acredito que *Investigações* encontre a desordem na própria linguagem. Se estão corretos aqueles que insistem que Wittgenstein assim o pensou no *Tractatus*, então, em sua progressão até *Investigações*, ele tornou-se mais spengleriano. Ou talvez tenha permanecido ambivalente a esse respeito. Assim sendo, tomemos aquilo que aqui descrevo como a minha impressão de seu lado spengleriano. Isso significa que, segundo penso, os infortúnios recorrentes da linguagem, em *Investigações*, devem ser vistos como normais, tão naturais à linguagem natural humana quanto o é o ceticismo. (Hume chama ao ceticismo uma doença incurável; mas, aqui, vemos a pobreza dessa figura. O ceticismo, ou melhor, sua ameaça, não é mais *incurável* do que as capacidades de pensar e falar, embora tais capacidades também, cronicamente, nos causem pesar.) Os infortúnios filosoficamente pertinentes aos quais a linguagem está sujeita não são desordens, se isso significa que eles entravam seu funcionamento; porém são essenciais àquilo que conhecemos como o aprendizado ou o compartilhar da linguagem, ao nosso apego à nossa linguagem; eles são funções de sua *ordem*.

Quando Wittgenstein descobre que "a filosofia é uma luta contra o enfeitiçamento de nosso intelecto pelos meios de nossa linguagem" (§109), ele não está, conforme o entendo, nomeando a linguagem simplesmente (ou em absoluto) como a causa eficiente do infortúnio filosófico, mas sim como o meio de dissipá-lo. Pode-se, talvez, falar da linguagem e de sua forma de vida — a humana — como sendo uma oportunidade permanente de infortúnio (como se estivéssemos sempre prontos para ele) para o qual a linguagem fosse o conforto. A arma está entre as nossas mãos, mas não *precisamos* voltá-la contra nós. O que a faz voltar-se contra nós é a filosofia, o desejo de pensar, quando fora de controle. Isto se nos tornou um destino inescapável, aparentemente inseparável do destino de possuir a linguagem humana. É um tipo de fascinação exercida pela promessa da filosofia. Mas a filosofia também pode apelar para si mesma, voltar-se para si própria. O objetivo da batalha da filosofia, sendo uma dissolução — do enfeitiçamento, da fascinação — é, poderíamos dizer, a liberdade da consciência, o início da liberdade. Pode-se dizer que o objetivo é uma liberdade de linguagem, tendo-se aí acesso, numa reivindicação bem-sucedida, como que por direito hereditário. Porque o enfeitiçamento intelectual assume a forma que tem, em *Investigações*, ainda não o dissemos — Wittgenstein fala de imagens que nos mantêm cativos, de anseios insaciáveis, de sublimações paralisantes. Ele não fala muito, segundo penso, sobre as causas que nos tornam vítimas desses acasos, como se sua missão não fosse explicar porque pecamos, mas mostrar-nos que o fazemos, e quais os seus lugares.

Suponho que essa não seja exatamente a forma como outros lêem a passagem sobre a batalha contra o enfeitiçamento. Mas é possível avaliar sua proximidade ou distância diante de uma leitura mais costumeira, se retraduzirmos um outro trecho de *Investigações*, dois fragmentos acima (§107): "Entramos por um terreno escorregadio, onde falta o atrito, portanto, onde as condições, em certo sentido, são ideais, mas nós, justamente por isso, também não somos capazes de andar". É importante para mim recordar, aqui — falando de proximidade e de distância — a insistência de Kierkegaard sobre o caminhar como o passo da finitude; e observar que, por uma razão semelhante, caminhar é um tópico fundamental em Thoreau. O trecho de Wittgenstein continua, em alemão, como se segue: "*Wir wollen gehen; dann brauchen wir die* Reibung". O professor Anscombe traduz para o inglês: "*We want to walk; so we need friction*" ["Queremos andar. Então precisamos do *atrito*"]. Isto toma como um dado o nosso desejo de andar. Mas suponhamos, como Kierkegaard e Thoreau, que caminhar seja especificamente uma realização humana, uma tarefa na filosofia. Assim, altero o conectivo: "*We want to walk; then we need friction*" ["Queremos andar. Portanto precisamos do atrito"]. Gostaria de sugerir que nosso desejo de andar é tão condicional — quase poderia dizer, tão questionável — quanto o é nossa necessidade de atrito: se queremos caminhar, ou quando descobrimos que somos incapazes de nos mantermos sobre nossos pés, então nos damos conta de nossa necessidade de atrito. O filósofo representado em *Investigações*, confrontado por interlocutores insatisfeitos, precisa mostrar-lhes as insatisfações, a perda de progresso de que sofrem. Isto, com certeza, não é *fazer* com que alguém deseje; é, quando muito, ajudá-los a que se permitam desejar, mas em torno do ponto da necessidade genuína. Não pode tal papel ser desempenhado por um filósofo da cultura?

"Quando se diz que um cilindro C se encaixa num cilindro vazio V? Somente quando C estiver enfiado em V?" (§182). Comparemos: "O que se denomina aqui 'os componentes simples'?" (§47); quando sentimos que, se eu "vivenciei o porquê"(§176), sinto-me guiado ou influenciado por uma palavra ou um gesto, deve haver um sentimento único e que, em todos os casos, *é* esta vivência? Quando sentimos que, se dissermos que nossos passos são determinados por uma regra, devemos prever cada passo que a regra determinará? Quando sentimos que, se virmos uma coisa, devemos vê-la completamente, como se as coisas efetivas que vemos fossem como que membranas? Cada leitor de *Investigações* terá sua maneira de abordar esse motivo de auto-derrota, digamos, de auto-enfeitiçamento, e fará sua própria descrição, mesmo se não for para dizer mais do que: na filosofia, "fazemos mau uso das palavras". Wittgenstein fornece, conforme já foi dito, um grande número de tais abordagens, a mais elaborada das quais talvez seja aquela que atribui aos filósofos o desejo de encontrar ligações super-rígidas entre a consciência e seus objetos (cf. §197), uma super-ordem entre super-conceitos (§97), em suma, o desejo de "sublimar a lógica de nossa linguagem" (§38). Na passagem do gelo escorregadio, a conseqüência dessa exigência de sublimação é um conflito com a linguagem real que se torna "insustentável. A exigência corre o risco de se converter em algo vazio". Uma vez que uma das teses principais, em *The claim of reason*, é que *Investigações* de Wittgenstein trava uma luta incessante contra o ceticismo, minhas diversas interpretações de ceticismo podem ser vistas como indicações quanto à interpretação, por sua vez, daquilo que Wittgenstein chama de "condições, em certo sentido, ideais" — este vazio gelado do sublime.

Em resumo, vejo que o motivo do ceticismo reside precisamente nesse vazio. Qualquer coisa aquém do ideal seria arbitrária, artificial, linguagem quando muito medíocre. Devo esvaziar *minha* contribuição para com as palavras de forma que a própria linguagem, como que além de mim, assuma exclusivamente a responsabilidade de significar. Afirmo que esta luta contra o ceticismo, contra sua ameaça ou tentação, é incessante; quero dizer que ela é humana, que é uma pulsão do humano transcender-se, tornar-se inumano, o que não cessaria até que, como em Nietzsche, o humano chegasse a seu termo. Ao deixar que essas idéias, através de interpretações ou de figurações do ceticismo, surjam meio ao sabor do acaso, também parto do princípio de que a filosofia não possui o monopólio das respostas à ameaça do ceticismo. Um concorrente importante é aquilo que se pode chamar o romantismo nas artes. Um exemplo especialmente pertinente está numa leitura recente que fiz de *The rime of the ancient mariner*, de Coleridge, leitura essa que concebe o poema como uma encenação, em sua deriva para um mar gelado abaixo daquilo que o poeta chama "a linha", do passo leve do ceticismo em direção à trilha da insensibilidade intelectual e, então, da viagem de volta (ou em direção) à vida, representada como a vida doméstica. Mas, embora a filosofia não tenha qualquer monopólio, creio naturalmente que o destino do ceticismo está especialmente ligado ao destino da filosofia, e que apenas nesse vínculo ambos virão a se decidir.

A ligação entre romantismo e ceticismo deriva em parte de Kant que, por sua vez, teria guiado Nietzsche em seu problema de superar o humano, pois Kant figura a razão humana como desejando incessantemente transcender, transgredir, os limites de suas condições humanas. O surgimento de Wittgenstein nessa interseção entre romantismo, ceticismo e Kant, segundo me parece, está codificada em sua conceituação de *sublimar*. Uma formulação pertinente do sublime, em Kant, é "o esforço da imaginação de usar a natureza como um esquema para as idéias [de certa forma, figurar o não condicionado] [...] [o qual é] impeditivo [ou terrível] para a sensibilidade, mas que, com tudo isso, exerce sobre nós uma atração, que surge do fato de ser este um domínio que a razão exerce sobre a sensibilidade tendo em vista estendê-la até as exigências de seu próprio âmbito (o prático) e permitir-lhe olhar além de si mesma até o infinito o qual, para ela, é um abismo". É claro que, hoje em dia, estamos mais atentos a certas associações que Kant não utilizou e, em lugar de dizermos que a visão terrível nos é, com tudo isto (ou seja, apesar de tudo), atraente, sabemos que ela é atraente *porque* é terrível. O que significa saber isto? No capítulo precedente, sobre o Sublime Matematicamente, Kant faz uso de uma formulação diferente: "O ponto de excesso para a imaginação (em direção ao qual se vai na apreensão da intuição) é como um abismo no qual ela receia perder-se". A conjunção kantiana entre excesso e abismo parece-me comparável ao sentido da conjunção do hiperbólico em Wittgenstein (super-conexões, super-conceitos etc.) e o infundado como o ideal que a filosofia vê como proibitivo ou terrível, e atraente. (Existe, aqui, um enfeitiçamento. Falar em fascinação pode dar a impressão de um convite a uma interpretação psicanalítica.) Porém, enquanto que em Kant a tensão psíquica se dá entre o intelecto e a sensibilidade, em Wittgenstein a tensão da linguagem é contra ela própria, contra a banalidade dos critérios que são suas condições, como se ela se voltasse, de certa forma, contra suas origens. — Assim, uma problemática estética romântica derivada do sublime move-se para o centro da problemática do conhecimento visando, digamos, a traduzir o mundo em palavras; como se a própria estética reivindicasse uma nova posição na economia da filosofia.

Dispus-me, aqui, a introduzir de passagem Kant, assim como Coleridge, para reiterar minha convicção (como no caso de perder-se, voltar-se, caminhar) de que as imagens produzidas por Wittgenstein em suas descrições de filosofia tão líricas, até mesmo sublimes, são necessidades imaginativas estruturalmente motivadas e não vôos de fantasia momentâneos ou casuais. Essa derivação do sublime terá um papel mais importante a seguir uma vez que, tendo acatado e apontado a pertinência de Spengler para Wittgenstein, tentarei especificar uma certa diferença entre ambos que se deixa ver justamente naquela pertinência.

Observando que tanto Wittgenstein quanto Spengler escrevem sobre uma perda da orientação e do espírito humanos que é interna à linguagem e à cultura humanas, e não uma invasão do exterior, não posso aceitar a idéia da distorção da linguagem e da cultura como sendo, segundo diz von Wright, um "vínculo" entre as obras de Wittgenstein e de Spengler. Mas a noção de von Wright de um vínculo unindo a filosofia de Wittgenstein e uma atitude spengleriana diante de sua época ainda necessita uma elaboração. Interpreto tal noção em dois estágios: em primeiro lugar, como sendo essencial que uma filosofia da cultura apresente sua atitude para com sua própria época, atitude essa que motiva a filosofia; em segundo, o fato de que a atitude de Wittgenstein seria difícil de articular, ou de aceitar. Uma vez que afirmei que há uma perspectiva a partir da qual é possível ver que *Investigações filosóficas* apresenta uma filosofia da cultura, sugeri que sua atitude diante de sua época está ali diretamente apresentada, tão diretamente, digamos, quanto em Spengler, Freud, Nietzsche ou Emerson. Então, a dificuldade em articular a dificuldade da atitude de Wittgenstein residiria na dificuldade de encontrar essa perspectiva.

Entretanto — segundo a minha concepção — a perspectiva é de tal ordem que soará incrivelmente direta. Afirmo que as *Investigações* podem ser vistas, da forma como se apresentam, como um retrato ou, digamos, uma seqüência de esboços (Wittgenstein chama seu texto de "album") da nossa civilização, dos detalhes daquilo que Spengler chama de nossa "história espiritual" (p. 10), a imagem de "*nossa própria* vida interior" (p. 12). Então, como descreveremos os detalhes de *Investigações* de forma tal que estes possam ser vistos como expressando "uma atitude" — ou seja, de forma que a seqüência de esboços configure os *detalhes*, por assim dizer, de um quadro — quadro de *uma* cultura? (Minha pergunta, aqui, visa a sugerir uma comparação, em última análise, entre a lógica do detalhe e a lógica do fragmento romântico).

Tenho pretendido que várias de minhas leituras dos acontecimentos em *Investigações* ilustrem casos de tais descrições: por exemplo, noto a maneira recorrente como o livro refere-se a idéias de desorientação, perda, dar voltas; também a cena do gelo que, conforme a vejo, impõe uma escolha entre a pureza e o ato de caminhar; outro exemplo é sua caracterização da filosofia como portadora de uma fascinação (enfeitiçamento) que ela própria deve desafiar. (Sei, decerto, que há pessoas para quem tais considerações serão simplesmente literárias. Talvez eu devesse dizer explicitamente que só posso falar para aqueles que vêem na obra de Wittgenstein a obra de um grande (mas o que significará isto?) escritor, sentindo que sua filosofia exigiu tal escrita por si mesma. O "simplesmente literário" é tão improcedente para tal escrita (podemos chamá-la de literatura) quanto o é para qualquer outra coisa (a mais) que podemos chamar de filosofia.) Acrescentemos ainda alguns outros detalhes.

Investigações é uma obra que tem início com uma cena de herança, a criança herdando a linguagem; é uma imagem da cultura como uma herança que se dá, conforme é fundamental para Freud, no conflito de vozes e gerações. A figura da criança está presente, neste retrato da civilização, de maneira mais proeminente e decisiva do que em qualquer outra obra filosófica de que me lembre (com a exceção, se me concederem que se trata de filosofia, do *Émile*). *Investigações* descobre ou redescobre a infância para a filosofia (a criança em nós) assim como Emerson, Nietzsche e Kierkegaard descobrem a juventude, o estudante, digamos, o adolescente, o público filosófico consciente de que sua cultura exige o consentimento; a juventude talvez jamais perdoe o preço de tal consentimento, ou recusa. Já a criança pede consentimento à sua cultura, pede-lhe atenção; talvez ela jamais perdoe o preço dessa exigência, ou de seu fracasso.

O caráter recorrente e decisivo da figura da criança em *Investigações* está determinado desde o início, pois Wittgenstein abre seu livro com o parágrafo de Agostinho que estabelece a cena de herança e instrução, de testemunho e fascinação. As palavras de Agostinho fixam com precisão os tópicos do livro de Wittgenstein em seu conjunto, de forma que a cena de suas palavras permeia todo o livro. Citando: quando, meu, adultos, nomeavam, objeto qualquer, de acordo, mover-se para ele, eu, percebia, isto, compreendia, designado, sons, proferiam, queriam chamar a atenção, seus gestos, linguagem natural de todos os povos, mímica e movimento dos olhos, movimento dos membros, voz, sentimentos da alma, anseia, segura, repele, palavras, repetido, usado, seus devidos lugares, diferentes sentenças, aprendia, compreender, designam as palavras, signos, expressava os meus desejos. Selecionando-se desta forma, o último tópico parece destacar-se estranhamente dos demais — a linguagem como expressão do desejo —, uma vez que ele não é jamais questionado separadamente e deve ser considerado presente em todos os eventos e aventuras da linguagem que se seguem. Ele está subentendido no exemplo de abertura do livro, a apresentação primitiva, um tanto surrealista mas talvez inquestionável do fragmento das "Cinco maçãs vermelhas", assim como no sem dúvida questionável "Quando digo 'sinto dor', estou, em todo caso, justificado *diante de mim mesmo*" (§289). Se tentar falar fora dos jogos de linguagem, acho possível ver aqui a descrição do desejo que tenho de tornar o meu desejo inconseqüente, como que de liqüidar o jogo implacável do meu desejo, que Freud considera como o objetivo do próprio desejo (em sua idéia da pulsão de morte em *Além do princípio do prazer*). *Investigações* de certa forma se fecha com uma investigação da interpretação (hipotética) em que se aventa a possibilidade de perdermos nosso apego, nosso desejo, por nossas palavras, o que novamente significaria perder uma dimensão do apego à forma de vida humana, a forma de vida de falantes.

Em todo o percurso do livro, há parábolas e alegorias sobre a linguagem e a filosofia, como por exemplo na cena seguinte à das maçãs, a dos construtores. Uma vez que a cena dos construtores exemplifica uma linguagem mais primitiva do que a nossa e é também parte de uma idéia primitiva do funcionamento da linguagem, ela é uma encenação do que acontece à mente quando sujeita aos percalços da filosofia. É essencial que possamos, ou demos a impressão de poder, seguir a diretriz de Wittgenstein no sentido de "conceber" aquilo que é ali descrito como "uma linguagem primitiva completa":

> *Imaginemos uma linguagem para a qual a descrição dada por Santo Agostinho esteja correta: a linguagem deve servir ao entendimento de um construtor A com um ajudante B. A constrói um edifício usando pedras de construção. Há blocos, colunas, lajes e vigas. B tem que lhe passar as pedras na seqüência em que A delas precisa. Para tal objetivo, eles se utilizam de uma linguagem constituída das palavras: 'bloco', 'coluna', 'laje', 'viga'. A grita as palavras; — B traz a pedra que aprendeu a trazer ao ouvir esse grito. — Conceba isto como uma linguagem primitiva completa.* (§2)

Poder-se-ia sentir que o que está aqui descrito não é em absoluto uma linguagem, uma vez que as palavras dessa linguagem ("bloco", "coluna", "laje", "viga") não parecem transmitir compreensão, não parecem ser *palavras* (tal é a sensação expressa no texto "Wittgenstein's builders", de R. Rhees). Mas, embora essa sensação seja certamente sugerida pela cena e deva ser levada em consideração, não precisamos considerá-la como final, inquestionável, e isto a partir de pelo menos três linhas de raciocínio: 1. Para começar, há duas maneiras rivais de compreender a cena — como apresentando alguma coisa muito notável, ou alguma coisa nada notável, digamos, como hiperbólica ou como corriqueira; ou de compreender as próprias palavras de Agostinho. (Expressar esta dualidade de reações foi, durante anos, minha forma de começar minhas aulas sobre as *Investigações*. Algumas de suas conseqüências estão registradas e desenvolvidas na primeira metade de "I want you to bring me a slab", texto de Warren Goldfarb — pp. 265-82.) Uma das maneiras de ver a cena configura os construtores como seres humanos longínquos, homens de Neandertal, movendo-se de forma lerda, grunhindo seus chamados; já a outra os configura como homens assim como nós, mas num ambiente no qual, de certa forma, podemos realisticamente considerar que seus chamados são "truncados", possivelmente um ambiente cheio de barulho e de atividade (como canteiros de obra na verdade o são; Wittgenstein não *diz* que não há mais ninguém em torno, que não há equipamentos). No primeiro caso, talvez você não queira *apenas* dizer que um entendimento se manifesta mas, por que não diríamos — exatamente como a descrição de uma linguagem primitiva deveria fazer — que, aqui, se manifesta um entendimento de tipo primitivo? Será isto vão? Porém, não é isso que parece acontecer, ao imaginarmos os movimentos e as vozes como lerdos, como "longínquos"? — a linguagem, o comportamento, o entendimento são um todo, compartilham de uma forma primitiva de vida (humana). (Pode-se dizer que uma criança só dispõe de quatro palavras, mas imaginemos essa forma de vida com essas palavras, imaginem as felizes repetições, os gritinhos e murmúrios improvisados, as extensões das aplicações experimentais etc. Em sua linguagem, a criança tem o seu futuro; os construtores não têm praticamente nenhum.) Ao invés de sentir que falta entendimento aos construtores, sinto que lhes falta imaginação, ou antes, falta-lhes liberdade, ou talvez eles estejam no limiar de ambas ao mesmo tempo. 2. Existe algo que *é* compreendido pelos construtores: que o desejo é expresso, que esse objeto é invocado. (O que implica que se pode, por exemplo, imaginar facilmente certos tipos de confusão e de correção entre os construtores.) Daí, um dado essencial da fala está presente, uma condição desta, e não algo que possa ser ensinado conforme as palavras novas são ensinadas. ("Daí?" Estou considerando os construtores também como ilustrando a cena de Agostinho do advento da linguagem (contestando a imagem do "aprendizado" cumulativo da linguagem), alguma coisa que vem "com" o advento do primado do desejo, diga-

mos, da fantasia, "além" do primado da necessidade (biológica). (Fui aqui instruído, especialmente quanto ao conceito freudiano de *Trieb*, que abrange a "relação" entre instinto biológico e pulsão psicológica, pelo excepcional estudo de conceitos freudianos no livro *Vida e morte na psicanálise*, de Jean Laplanche.) Neste ponto, talvez seja útil indagar se o construtor de Wittgenstein tem em mente uma construção específica. O que mostraria que ele não está apenas improvisando? Ou apenas testando a obediência ou competência do ajudante? Será esta a primeira construção, ou estará dentro de uma série de construções?).
3. Ainda uma outra interpretação, não excludente, dos construtores, consiste em ver na cena uma alegoria da maneira como muitas pessoas realmente falam, em ambientes mais adiantados, forçadas, por assim dizer, pelas circunstâncias, usando expressões mais ou menos primitivas, repetitivas, de desejos mais ou menos incompletamente elaborados — aqui, o equipamento generalizado, o barulho e as rotinas de outros também generalizados talvez não sejam mais especificáveis em simples descrições. (Será necessária uma teoria?) Isto pode ser visto como uma espécie de paródia política da repetição (ou, digamos, da gramática) sem a qual não há linguagem. (Considero os trabalhadores como uma alegoria política, em termos que fazem alusão à descrição de Heidegger do cotidiano ("equipamento generalizado", "barulho") a fim de indicar um possível local de encontro, ou de passagem, entre Wittgenstein e Heidegger sobre o topos do cotidiano — um lugar a partir do qual pode-se ver porque Heidegger descobre que a autenticidade exige a partida, e porque Wittgenstein descobre que o bom senso, ou a sanidade, exige o retorno. Talvez seja útil dizer: Heidegger vê na vida cotidiana uma expressão mimética, exaustiva, do valor da linguagem cotidiana; ao passo que, para Wittgenstein, há momentos ou cruzamentos na vida cotidiana e na linguagem que a imita, que são sombras quebradas ou imagens congeladas do movimento de nossas palavras ordinárias, tornando-se a linguagem de ninguém — indizível; momentos que recusam o valor da experiência das palavras ordinárias, suas lembranças compartilhadas, com elas desapontadas. Estamos evidentemente em contato com essas palavras, mas nosso contato é entorpecido ou calcinado. Suponho que Wittgenstein não tem um diagnóstico a oferecer sobre o cotidiano anônimo, calcinado, além de sua descoberta de que ele é invadido por (ou pela produção de) uma filosofia inconsciente de si mesma. E suponho ainda que ninguém conhece a extensão dessa invasão, nem dessa produção inconsciente.)

Consideremos agora tudo isto, os acontecimentos de *Investigações* — desde a cena e as conseqüências da herança, da instrução e da fascinação, a encomenda das maçãs, a construção daquilo que poderia parecer a primeira construção, até a possibilidade da perda de apego a essa herança; e tais momentos rastreados na luta da filosofia consigo mesma, com o perder-se e fazer voltas no próprio caminho, e ainda os rompantes crônicos de loucura — e concebamos tudo isso como uma cultura sofisticada completa, digamos, uma forma de vida, a nossa. (Suponho que não é certo que se possa fazer isto, ou que se esteja fazendo. Mas, segundo acredito, isso não é essencialmente menos certo do que imaginar o caso dos construtores como uma cultura primitiva completa.) Então sugiro, sem entrar em discussões, que o que Wittgenstein tem em mente ao falar de fora dos jogos da linguagem, a saber, repudiando nossos critérios compartilhados, é um tipo de interpretação ou uma forma homóloga àquilo que Spengler tem em mente ao descrever o declínio da cultura como um processo de externalização.

> *A Civilização é o* destino *inevitável da cultura* [...] *As Civilizações são os estados mais exteriores e artificiais dos quais uma espécie de humanidade desenvolvida é capaz. Elas são uma conclusão* [...] *a morte seguindo-se à vida, a rigidez seguindo-se à expansão, a aterrorizante cidade-do-mundo seguindo-se à mãe-terra. Elas são* [...] *irrevogáveis e, no entanto, por uma necessidade interna, são sempre e sempre buscadas* [...] *uma exaustão progressiva de formas* [...] *Este é um passo muito grande em direção ao inorgânico* [...] — *mas o que isso significa?*
>
> *A cidade-do-mundo significa o cosmopolitismo em lugar do "lar"* [...] *À cidade do mundo pertence [um novo tipo de nômade], não um povo, mas uma turba.*

(Em nota explicativa, Spengler aqui declara que "lar" é uma palavra profunda "que adquire sua significação logo que o bárbaro se torna um homem da cultura e a perde novamente [com] o homem da civilização...".) Interessa-me observar de passagem, para uso futuro, que este trecho também diz respeito — de forma pertinente e diferente — a Freud (com o progresso para o inorgânico) e a Heidegger (com a externalização e a perda do conceito de lar). Todos eles, acredito, gostariam de negar que sejam românticos. Se estiverem corretos quanto a isso, então sua nostalgia é ainda mais virulenta do que parece.

Se se admitir que há uma certa profundidade de precisão, na tomada de um aspecto de Spengler como apresentação de um aspecto do pensamento de Wittgenstein, então a diferença entre Wittgenstein e Spengler teria a mesma profundidade. Caracterizarei essa diferença dizendo que, em *Investigações*, Wittgenstein *diurnaliza* a visão de Spengler do destino em direção a formas exauridas, em direção ao nomadismo, à perda da cultura, podemos dizer, do lar, ou da comunidade: ele descreve nossos embates cotidianos com a filosofia, digamos, com nossos ideais, como atritos com o ceticismo, onde a antiga tarefa da filosofia, despertar-nos ou devolver-nos à consciência de nós mesmos, assume a forma de nos devolver ao cotidiano, ao ordinário, todo dia, diuturnamente. Uma vez que não estamos retornando a algo que já conhecemos, a tarefa é realmente, conforme já se viu, uma tarefa de dar voltas. A questão, assim, é dizer porque a tarefa apresenta-se como um retorno — o que nos mostraria porque ela se apresenta como dirigida para o ordinário.

A noção de (re)tornar cria em *Investigações*, continuo insistindo, uma prática bastante fantástica ("conduzir as palavras do seu emprego metafísico de volta ao seu emprego cotidiano"), e nada fiz aqui para descrever a maneira de ser dessa prática, apenas indiquei o que nela está em xeque e porque ela é difícil de descrever. Wittgenstein nos orienta num certo momento para o ordinário, ao exigir: Não diga "é preciso", mas *olhe e veja* (cf. §66). Já que ali ele fala sobre a nossa insistência de uma explicação quanto à forma de referência das palavras, de fato está nos pedindo, ao mesmo tempo, para *escutar*, para *ouvir* a palavra — como se estivesse prescrevendo, receitando a filosofia diante de uma dissonância entre o olho e o ouvido que produz uma náusea espiritual. Esta forma de situar sua prescrição pretende registrar por que razão está em pauta uma questão em que a moralidade — digamos, a moralidade isolada da filosofia, isolada da exigência de alterarmos nossas necessidades, não apenas de redistribuirmos suas satisfações, por mais profunda que seja *essa* necessidade — não pode nos comandar nem nos liberar. Essa exigência por assim dizer pré-moral, filosoficamente crônica (esta postura contra o destino), é um dado de fervor intelectual em *Investigações* para o qual, desde o início, estamos buscando uma explicação.

Por outro lado, a exigência desse fervor intelectual é tal que uma prática não motivada por ele, que não efetue a libertação da náusea espiritual, ou seja, que não produza esse retorno, esse voltar-se para o ordinário, não contará como filosofia. Pode-se, naturalmente, afetar fervor sem seguir a prática, assim como se pode afetar interpretações psicanalíticas de outros sem atentar para os processos da psicanálise (o reconhecimento da transferência, o advento da associação, a escuta à fantasia etc.). O fervor, a que podemos chamar o interesse filosófico, poderá ser modesto e bem orientado por um compromisso com a prática filosófica; não precisa ser vinculado a um carisma da magnitude de um Wittgenstein. Apesar disso, penso ser verdade que o fervor wittgensteiniano é peculiarmente vulnerável ao charlatanismo (existem outros) — problema de que a filosofia, dentre todas as disciplinas, deveria querer livrar-se da forma mais total. Essa vulnerabilidade, acredito, causa grave desconfiança entre aqueles que não sentiram o poder do pensamento de Wittgenstein. Parece-me que Austin sentiu algo dessa desconfiança, digamos a desconfiança da necessidade do profundo (o que sugere que ele não deu crédito, ou não deu crédito suficiente, à própria desconfiança de Wittgenstein nesse sentido). Percebo, como em outras questões, que especular sobre tais assuntos ofende a certas sensibilidades filosóficas.

Mas essa especulação me parece a propósito em razão dos incessantes ataques que *Investigações* faz, não apenas contra nossas crenças, por assim dizer, mas também contra nossas fantasias ou imagens de como as coisas devem ser, e contra as ilusões que temos sobre as nossas necessidades; a par disso, pela sensação, exibida no texto, de seu caráter excepcional, seus encontros isolados com vozes não nomeadas, sem recorrer ao companheirismo intelectual de outros autores.

É em conexão com esse caráter excepcional que compreendo a atenção dada pelo livro à infância e sua herança, pois considero o tema nele recorrente da herança da linguagem, a questão, a ansiedade, quanto à transmissão de instrução suficiente a fim de que o outro possa prosseguir (sozinho), como uma alegoria sobre a filosofia enquanto legado — o que é, afinal de contas, o legado também da criança isolada, quase desapercebida, na descrição que Agostinho faz de seu passado. (É claro que, filosoficamente, a alegoria não teria nenhum valor se ela não estivesse correta, não alegoricamente, a respeito da herança da linguagem.) Herdar uma disciplina associada ao nome de um homem isolado e alegorizada pela herança da linguagem, e especificamente da linguagem condensada em jogos proféticos, é também uma descrição pertinente da famosa cena no segundo capítulo de *Além do princípio do prazer* do jogo do *Fort* e *Da*. (Reconheço aqui meu débito a Derrida pelo memorável tratamento da cena em "O legado de Freud"). E, na verdade, a adequação dessa descrição tanto para Wittgenstein quanto para Freud leva-me a considerar o reflexo mútuo de seus temperamentos e destinos intelectuais. A extensão de minha convicção estará aqui evidente se confessar que vejo uma afinidade entre o uso, por Freud, do jogo das exclamações "*Fort!*" e "*Da!*" e a inclusão por Wittgenstein, quase ao início de *Investigações* (§27), da exclamação "*Fort*" na meia dúzia de exclamações que condensam as diferenças entre as diferenças, no funcionamento das palavras, a fim de nos desvincular de uma imagem excessiva de unidade.

Certas suspeitas sobre Wittgenstein surgem justamente desse ar de excepcionalidade e isolamento, pois alguns lêem nisso uma vaidade que prejudica seu trabalho posterior, vaidade ainda aumentada por sua própria insistência de que ele fala pelo comum. Talvez se sinta algo semelhante (e, em casos específicos, o sentimento pode ser justificado) diante de toda uma certa linha de pensadores — aqueles que se declaram (ou sugerem, ao negarem que o são) sábios. Emerson está nesta linha, portanto não é provável melhorar a reputação de Wittgenstein justamente onde ela mais precisa, se se disser que Emerson expressa a mesma experiência de isolamento intelectual característica de *Investigações*. Em "Self-reliance", Emerson diz:

> *Este conformismo não os torna [à maior parte dos homens] falsos em alguns pormenores, autores de algumas mentiras, mas falsos em todos os pormenores. Cada verdade sua não é inteiramente verdadeira. Seu dois não é o dois real, seu quatro não é o quatro real; desse modo, cada palavra que eles dizem nos aflige, e não sabemos por onde começar, para corrigi-los.*

Trata-se da expressão de uma experiência específica de desagrado e desapontamento dirigida à própria cultura em sua totalidade (e, daí, a si mesmo, enquanto comprometido com essa cultura), e a sua incapacidade de escutar-se; o que, naturalmente, apresentar-se-á ocasionalmente como sua incapacidade, ou recusa, de escutar a *você*. Dessa forma, por exemplo, quando você prega a desobediência à sua cultura, você está pedindo a ela para obedecer a si mesma diferentemente, melhor (recordando, recontando). O signo de Emerson para a desobediência é a aversão ("A autoconfiança é a aversão do conformismo"). "Aversão" é a maneira de Emerson dizer "conversão". A palavra designa um território espiritual comparável, assim como um desagrado explícito.

Ao nos fornecer os meios de conceber completamente a nossa sofisticada cultura (completamente: sem fim) as *Investigações* não pintam mimeticamente as circunstâncias de nosso estilo de vida, embora transmitam a impressão indubitável de que nossos modelos ou modificações da forma de vida humana estão minando, estão deformando, essa vida. (Se dizemos que a forma de vida humana é a vida mental, então temos de perguntar o que ela vê em si própria que a leva a rebaixar-se.) Proponho, aqui, considerar que a famosa descrição no Prefácio de *Investigações* — "este trabalho, em sua indigência e nas trevas deste tempo" — designa o tempo em questão como aquilo que está concebido e descrito pelo e no trabalho em seu todo, em seu aparente despojamento ("Não está meu saber [...] expresso inteiramente nas explicações que eu fosse capaz de dar?" (§75)); suas aparentes negações, seus embaraços ("As explicações encontram um fim em algum lugar", "É assim mesmo que ajo" (§§1, 217)); e sua loucura. A declaração de sua pobreza não é uma simples expressão de humildade, mas uma mensagem severa: a terapia prescrita para trazer a luz às trevas do tempo apresentar-se-á como, e num certo sentido será, jejum forçado; como se nosso espírito filosófico tivesse sido regalado, super-alimentado, até o limite da morte. E Wittgenstein é muito claro ao mostrar-se consciente de que seu leitor vai se sentir, deverá sentir-se, insatisfeito diante de seus ensinamentos ("O que dá a impressão de que queremos negar alguma coisa?" "O que destruimos não passa de castelos no ar" (cf. §§118, 305)).

A pobreza, enquanto condição da filosofia, não é uma idéia nova. Emerson a desenvolve como idéia específica das carências da América, de sua desolação e distância em relação às realizações da Europa, como que constituindo para a América a necessidade e oportunidade de encontrar a si mesma. (Quase ao final de "Experience", há um apelo característico à resolução: "E não podemos lamentar o bastante nossa necessidade constitucional de ver as coisas sob aspectos privados, ou saturadas com nossos humores. E no entanto é o Deus que é o nativo destes rochedos desolados. Essa necessidade cria, no âmbito moral, a virtude capital da confiança em si. Precisamos nos aferrar a esta pobreza [...]" Eu leio: a pobreza que, moralmente falando, é agradável ao Deus e nos fornece acesso à humanidade dos outros — é esta pobreza, não sua riqueza, que constitui a atração da América para os outros —, é, filosoficamente falando, nosso acesso à necessidade, nossa rota para além da privacidade.) Outros pensam que Emerson aconselha a América a ignorar a Europa; para mim, sua prática significa que parte de sua tarefa de descobrir a filosofia na América consiste em descobrir os termos nos quais nos seja dado herdar a filosofia da Europa. Seu legado talvez, de fato, pouco se assemelhe à filosofia, mas sim a um desenvolvimento estranho da literatura. Pelos padrões europeus, os americanos parecem, nas palavras de Thoreau, "*pobres* estudantes", a expressão pela qual Thoreau identifica os não acomodados, que são os seus leitores legítimos. Poderia ser de interesse especial para um americano saber que aquilo que Wittgenstein, em *Investigações*, quer dizer ao falar do ordinário, dá a certos leitores filosóficos a impressão de uma idéia empobrecida da filosofia, por sua rejeição sistemática, seu desconto radical, ou recontagem, dos termos, argumentos e resultados filosóficos — seu implacável projeto, talvez possamos dizer, de des-sublimar o pensamento.

É, portanto, compreensível que me fascine uma reação de Wittgenstein em 1931 (segundo Waismann), ao fato de Schlick ensinar em uma universidade americana: "O que podemos nós dar aos americanos? Nossa cultura meio decaída? Os americanos ainda não têm uma cultura. Mas, de nós, nada têm a aprender... *Rússia*. A paixão promete alguma coisa. Ao passo que nossa fala não tem a força de mover coisa alguma". (*Recollections of Wittgenstein*, Rhees ed., p. 205). Dentre as várias questões que surgem nesses sentimentos, menciono aqui apenas este aspecto: ao perguntar se o pensamento central da Europa é passível de ser herdado mais além, para oeste e para leste, Wittgenstein expressa sua ansiedade de saber se a própria Europa continuará herdando a filosofia; se ele, que representa um presente da filosofia, pode transmitir seus pensamentos para outra geração. Se a filosofia vier a prosseguir, ela deve continuar a ser herdada; se ela deve ser herdada, então, *isto*, diz em *Investigações,* deve sê-lo. (A inflexão que Thoreau dá à palavra "pobres", para designar os estudantes para os quais escreve — especificando a busca de Emerson por "meus pobres" em "Self-reliance" — leva-me a dizer que a palavra usada por Wittgenstein para a "indigência" de seu trabalho é *Dürftigkeit*, não *Armut*. Desnecessário dizer que Wittgenstein não sugere que aquilo que constitui o despojamento material necessário à filosofia é evidente. E ele devia conhecer, tão bem quanto Heidegger, a pergunta na elegia "Pão e vinho" de Hölderlin: "[...] *wozu Dichter in dürftiger Zeit?*" Talvez valha a pena fazer uma pausa diante das atrações e repulsões entre Wittgenstein e Heidegger, para considerar o que significa que, quando Heidegger está no campo de força das palavras de Hölderlin — digamos, sobre a importância de um poeta num tempo de privação —, ele lhe consagra ensaios filosóficos, como para captá-lo, contê-lo em seu sistema; ao passo que, imaginar um momento comparável de reconhecimento em Wittgenstein, é imaginar uma certa identificação, em seu Prefácio a sua obra final, quando ele abandona essa obra e lhe recusa a isenção para com a sua época.)

Quantos candidatos haverá em uma geração para o papel de representar o presente da filosofia? Pode-se ter a impressão de que a herança da filosofia é a única função necessária da filosofia. Para aqueles que se recusam a ver nisso uma necessidade estrutural da filosofia hoje, a idéia parecerá insuportavelmente arrogante. Mesmo assim, ela ainda poderia ser vista em sua humildade. O que essa herança reivindica para si não é mais do que a pobreza, e não a prodigalidade platônica, agostiniana, cartesiana, kantiana, hegeliana ou heideggeriana. É porque essa pobreza se reivindica como a continuação da filosofia (uma prodigalidade diferente talvez se permitisse não ligar para isso), como de uma trilha que é, em sua totalidade, mais significativa do que qualquer posição do percurso, que eu considero a ansiedade, ou o fervor, de *Investigações*, não como uma preocupação com sua originalidade, mas sim com sua inteligibilidade para uma outra geração — a que podemos chamar sua capacidade histórica de prosseguir — sem a qual a trilha pode ser perdida. (Afirmei que uma prodigalidade diferente daquela exibida pelos grandes filósofos poderia não dar importância para o caso de a trilha da filosofia ser perdida ou percorrida de alguma forma que não a da pobreza. É assim que eu colocaria a proposta, que não poucas vezes me tem sido apresentada, da idéia de Richard Rorty de uma conversação cultural pós-filosófica de caráter geral. Apesar do interesse que eu possa ter nessa proposta, desagrada-me o uso generalizado, convencionalizado, das palavras e dos pensamentos que são atualmente ajustados, bem armados, para tais conversas, palavras tais como "filosofia", "ordinário", "teoria", "conversação". O que posso dizer?)

Disse, em resumo, que *Investigações* é uma obra que pode ser vista como uma filosofia da cultura, filosofia essa que se relaciona com sua época como uma época em que a continuação da filosofia está em xeque. Agora, ao terminar, pergunto se há razão para insistir no fato de que o livro *deva* ser compreendido assim, de que, por assim dizer, ele busque tal perspectiva sobre si mesmo.

Para uma resposta, volto a outra observação do professor von Wright: "[Penso que] a atitude de Wittgenstein para com seu tempo [uma atitude spengleriana de censura e desaprovação] o torna único entre os grandes filósofos". Os filósofos com os quais von Wright compara Wittgenstein são Platão, Descartes, Kant e Hegel. (Incluir aqui Heidegger seria complicado, uma vez que, em *O que se chama pensar?*, Heidegger esforça-se por distinguir sua percepção daquilo que ele chama o pessimismo de Spengler, contrapondo-se a ela, de forma a levantar pertinentemente a questão de saber se o fenômeno em pauta é exatamente aquilo que entendemos por *atitude*. É bastante óbvio que Heidegger não pode ser usado no presente contexto para constituir um padrão de seriedade da filosofia para Wittgenstein, portanto deixo a questão momentaneamente de lado.) Uma atitude spengleriana — a saber, uma investigação dirigida à mudança de rumo de uma cultura em sua totalidade que evidencia uma dissenção radical em relação ao resto do pensamento avançado dessa cultura — não tornaria Wittgenstein um caso único, tendo em vista escritores como Montaigne, Pascal, Rousseau, Emerson, Nietzsche e Freud. Assim, vale a pena considerar que o sentimento da excepcionalidade de Wittgenstein, do qual eu compartilho, vem do sentimento de que ele vincula o destino da filosofia enquanto tal ao destino da filosofia ou da crítica da cultura, deslocando dessa forma a ambos — incessantemente renunciando, repreendendo, parodiando a reivindicação da filosofia de ser uma perspectiva privilegiada da própria cultura, a que se pode chamar de perspectiva da razão (talvez compartilhada com a ciência); em todo caso, renunciando a qualquer pretensão, para a filosofia, de uma perspectiva que vá além de sua perspectiva sobre si mesma. É esta a sua pobreza de perspectiva. Mas o que faz com que tal pobreza se torne filosofia?

Afirmo que essa filosofia repousa na prática, no compromisso de seguir de uma certa maneira, digamos descontínua, o que significa dizer, sem um adiamento incessante de pretensões que bem poderia ser também um gesto em direção ao infinito, à transcendência; ela repousa, antes, numa recusa específica do sem fim, numa atitude desarmada, numa abertura. (Um gesto em direção à infinidade da procrastinação, a um infinito, e portanto em direção a alguma transcendência, ocorre na escritura de Derrida e na de Lacan; mas, nesse sentido, eles estão justamente questionando um gesto filosófico mais antigo de transcendência. Quando penso nisso, lembro-me sempre de uma queixa feita mais de uma vez por Austin sobre os filósofos que insistem que há usos infinitos da linguagem — sem dúvida, ele tinha em mente o que dizia Wittgenstein, no início de *Investigações* (§23): que há "inúmeras" espécies de uso — ou que o "contexto" de um uso é infinitamente complexo, como que para adiar chegar ao trabalho de enumerá-los. Apesar de minha simpatia por esse gesto de Austin, não pude deixar de me perguntar — eu não deveria fazê-lo? — o que, então, será o trabalho da filosofia.) É a prática que constitui a diurnalização, um modo ou modelo de vida para desafiar o modo ou modelo que exaure a forma de vida de falantes. É assim que compreendo a reivindicação de Wittgenstein de dar a paz, de aquietar a filosofia (§133). Não que se deva levar a filosofia como tal a um fim, mas sim que, em cada caso em que ela é invocada, ela própria se leve ao fim.

Ao conceber *Investigações* como o retrato de uma cultura sofisticada completa, dois aspectos dizem respeito à concepção da pobreza da filosofia. De início, começando com as palavras de uma outra pessoa — ao escolher parar ali, ouvindo um apelo à filosofia nessas palavras corriqueiras —, o escritor de *Investigações* declara que a filosofia não fala em primeiro lugar. A virtude da filosofia é sua faculdade de responder. O que faz com que ela seja filosofia não é que sua resposta venha a ser total, mas que ela seja incansável, que esteja desperta quando todos os outros tiverem adormecido. Seu compromisso é escutar quando chamada, escutar quando é chamada a falar — mas só então, e só na medida em que tenha interesse. *Qualquer* palavra a mim legada por meus antecessores, enquanto se moviam obscuramente à minha volta em direção aos objetos de seus desejos, pode vir a me afligir. Todas as minhas palavras são de outras pessoas. O que, senão a filosofia, de um certo tipo, poderia tolerar esse pensamento? O segundo aspecto de *Investigações* sobre a sua pobreza é que, na cultura que descreve, nada está acontecendo como um todo, não há uma narrativa única a ser ali relatada. O que é de importância, ou de interesse, filosófico — o que a filosofia tem a dizer — está acontecendo repetidamente, corriqueiramente, sem melodrama.

Mas a idéia de que uma prática filosófica do ordinário, e não uma moralidade ou uma religião distintas dessa prática, é o que Wittgenstein lança na balança contra a externalização ou o nomadismo da cultura — prática que, ele bem sabe, provavelmente só será escutada com desconfiança — coloca-o estruturalmente na posição de um profeta. Será isso conveniente para a filosofia?

A verdade é que, na cultura descrita em *Investigações*, todos nós somos professores e alunos — falamos, escutamos, ouvimos por acaso, espalhamos boatos, acreditamos, explicamos; aprendemos e ensinamos incessante e indiscriminadamente; somos todos adultos e crianças, desejando ser ouvidos a respeito de nossas injustiças, de nossas justiças. Mas imaginem só um mundo em que as vozes dos interlocutores de *Investigações* continuem a soar, sem que haja a voz wittgensteiniana como seu outro. É um mundo em que o perigo que somos uns para os outros crescerá mais rapidamente do que a ajuda que damos uns aos outros.

II.
A DESCOBERTA COMO FUNDAMENTO
Caminhando com "Experience" de Emerson

Reivindiquei, em minha primeira palestra, a herança de um Wittgenstein que percebe que o mundo existe num processo de declínio tão impiedoso quanto o descrito por Spengler, e também por Nietzsche — um mundo além da recuperação moral, no qual a própria relação moral declina da sociedade (embora não totalmente, talvez, no terreno das relações privadas). Afirmei então que, contrapondo-se a essa existência, Wittgenstein coloca nada mais nada menos do que uma prática da filosofia — e ainda por cima uma prática baseada no menos promissor dos solos, um solo de pobreza, do comum, da busca do cotidiano.

Minha base para tais afirmações, cada vez se torna mais claro para mim, é a herança que reivindico de Emerson — a quem peço que endosse, digamos, dê fundamentos a esta pobreza, este cotidiano, esta proximidade, este sentido do comum. Mas, uma vez que meu legado anterior de filósofos mais recentes (Wittgenstein e, antes dele, Austin), é também a base de minha herança posterior daqueles que viveram antes (Emerson, e antes dele, Thoreau), o que vem a ser o básico?

Nesta segunda palestra, pretendo descrever este Emerson, perguntando de que maneira, em que medida, ou de que ângulo, Emerson situa-se na filosofia. O local a partir do qual espero uma resposta, aqui, é o ensaio "Experience", publicado em 1844 — uma obra que representa, segundo a maior parte dos bons leitores de Emerson, um ponto decisivo em seu empreendimento.

Abordar a situação de Emerson diante da filosofia, ou para a filosofia, tem como objetivo questionar aquilo que, segundo acredito, é o gesto crítico mais obsessivo e mais comum em relação a Emerson, tanto por parte de seus amigos quanto de seus inimigos, desde o tempo de James Russell Lowell em *A Fable for critics*, em 1848, até Harold Bloom em *The New York Review of Books*, em 1984, no artigo intitulado "Mr. America": literalmente, o gesto de negar a Emerson o título de filósofo. Não conheço mais ninguém, na história do pensamento, com relação a quem tal gesto de negação seja tão característico, quase universal, como se alguém perversamente insistisse — talvez uma voz interior — que, apesar de todas as aparências, Emerson, afinal de contas, é exatamente um filósofo. Mas, naturalmente, apesar de todas as aparências, é a insistência do próprio Emerson a esse respeito que é preciso urgentemente negar. Sabemos que Emerson se convencera desde cedo de que sua "capacidade de raciocínio" era fraca, de que ele jamais poderia "esperar escrever *Analogy* de Butler ou um *Ensaio* de Hume" (*Journal*, 18 de março, 1824, Porte Ed., p. 45). E eu não poderia encontrar nada mais revelador de sua prosa do que sua atitude de desespero e de esperança para com a filosofia. Por outro lado, talvez ele estivesse insistindo em alguma coisa mais, igualmente perturbadora, por exemplo, em ser pré-filosófico, em apelar para a filosofia, assim como para seus herdeiros. Mas qual é esse estado no qual se recusa reivindicar a filosofia e no qual, no entanto, faz-se uma reivindicação diante da filosofia? Isto poderia ser tão notável, ou tão raro, quanto o próprio estado da filosofia, por assim dizer, e não menos urgente de negar.

Juntamente com o gesto de negar a Emerson um lugar na filosofia existe um outro gesto, quase tão comum, em que se reúnem, além de Lowell e de Bloom, um crítico tão eminente quanto F. O. Mathiessen e o mais recente biógrafo de Emerson, Gay Wilson Allen — a saber, o de descrever a prosa de Emerson como uma espécie de nevoeiro ou bruma, como se fosse em geral líquido e certo que Emerson está obscuramente tentando captar palavras a dizer e que aquelas que ele encontra são mais ou menos arbitrárias ou convencionais; como se a grandeza do esforço de Emerson simplesmente não produzisse uma realização de experiência e de pensamento à altura, como se ele *não pudesse* extrair uma significação nova de cada palavra que diz, como se suportar uma interpretação estivesse simplesmente além de sua capacidade. Quem prosseguir nessa concepção encontrará um mundo de provas que parecem confirmá-la.

Para contestar essa visão pela avaliação da dimensão filosofante de Emerson, talvez parecesse mais justo começar com sua obra mais famosa, *Nature*, e não com "Experience", ensaio conhecido por seu caráter pessoal. Porém, começar com *Nature* equivaleria a conceder a Emerson uma relação com a filosofia, caracterizando sua filosofia como sendo essencialmente (embora sem dúvida não totalmente) neoplatônica, uma vez que é mais ou menos tido como certo que dominar os detalhes de sua filosofia tem, de um modo geral, o mesmo sabor intelectual que existe em dominar os detalhes de Plotino. Da mesma forma, acrescentaria, admito que para mim é bastante conveniente estar atualmente entre aqueles em cuja opinião *Nature*, apesar das maravilhosas passagens que contém, não constitui ainda a voz filosófica emersoniana, mas sim o lugar a partir do qual, nos anos seguintes, essa voz iria soar — em "The american scholar", "The divinity school address" e "Self-reliance". Posso caracterizar a diferença dizendo que, em *Nature*, Emerson aborda a questão do ceticismo como resolúvel ou controlável ao passo que, posteriormente, a questão da insolubilidade do ceticismo estará no âmago de seu pensamento. Ao final de *Nature*, devemos "saber então que o mundo existe para vocês", e a imagem "da nave de Colombo aproximando-se das costas da América" nos ensina que o universo é propriedade de cada um dos indivíduos que o habita, e que esse universo brilha para nós. Por outro lado, ao final de "Experience", aprendemos que "o verdadeiro romance que a existência do mundo tem por fim realizar será a transformação do gênio em poder prático", o que indica que o mundo existe de certa maneira por suas próprias razões, e que uma nova América é inabordável.

A identificação de Emerson com relação à filosofia começa, para mim, com a percepção (assim como em Thoreau) de que ele está endossando — assim eu o diria — a filosofia da linguagem cotidiana (refiro-me especificamente ao que J. L. Austin e o último Wittgenstein vêem como o papel do cotidiano na atividade filosófica) e, simultaneamente, como que antecipando o trabalho final de Heidegger — resumido em *O que se chama pensar?*. A antecipação de Heidegger — especificamente através do amor de Nietzsche por Emerson e, a seguir, do magnífico estudo de Heidegger sobre Nietzsche — foi ventilada em minha primeira tentativa de abordar Emerson, intitulada "Thinking of Emerson". A observação de Emerson "Tudo o que conheço é recepção" ("Experience") é usada como um desafio à concepção oficial de Kant, em *Crítica da razão pura*, segundo a qual o conhecimento é ativo, espontâneo, uma questão de síntese da experiência, e de que só as aparências são receptivas, passivas; numa palavra: não existe intuição intelectual. Isto marca a contribuição de Emerson ao debate idealista onde se tenta recuperar "a coisa em si" kantiana, levantando mais uma vez a questão da possibilidade de tal intuição. Há nisto, igualmente, um espaço para situar o apelo, em *O que se chama pensar?*, no sentido de um passo atrás decisivo em relação ao "pensamento representativo". A questão do endosso da filosofia da linguagem cotidiana estivera em preparação, em minha obra, desde as minhas primeiras publicações que ainda uso — o ensaio que fornece o título e o que se segue, em *Must we mean what we say?*. Esses textos identificam *Investigações* de Wittgenstein (assim como a prática de Austin) como tendo herdado a tarefa da lógica transcendental de Kant, a saber, demonstrar, ou articular, a adequação *a priori* das categorias do entendimento humano aos objetos do entendimento humano, ou seja, aos objetos. Em pouco tempo, fui atacado tão violentamente por esta sugestão kantiana — alegadamente, por tornar o estudo da linguagem não-empírico — que um amigo bem-informado comunicou-me que minha nascente reputação filosófica havia sido destruída. E agora, um quarto de século mais tarde, quando praticamente todo mundo concorda que *Investigações* é uma obra kantiana, não terei nem mesmo o consolo do crédito por haver sido o primeiro a indicá-lo. (Muito bem: quem vive da pena, perecerá pela pena.) Mas a hostilidade contra minha sugestão era bem justificada. Porque o pano de fundo kantiano não abria o espaço necessário para o trabalho na direção em que eu caminhava, citando-o em primeiro lugar para sugerir que os ataques de Austin e de Wittgenstein à filosofia, e ao ceticismo em particular — apelando para o que ambos chamam o uso ordinário, ou cotidiano, das palavras — contavam com alguma intimidade entre a linguagem e o mundo que eles nunca conseguiram descrever a contento. Foi em Emerson e em Thoreau que me pareceu encontrar aquilo que pude reconhecer como este espaço de investigação, na medida em que exploraram a problemática do atual, do cotidiano, do próximo, do baixo, do comum, em conjunção com aquilo que eles chamam de falar de necessidades, falar com necessidade.

Tive a oportunidade de dar mais um passo crítico em outra tentativa com Emerson — um texto chamado "Emerson, Coleridge, Kant", que trata principalmente do ensaio de Emerson intitulado "Fate", no qual descobri a *Crítica da razão pura* invertida: noções de limitação e de condição são tão determinantes em "Fate" quanto o são em Kant, mas é como se tais termos fossem, eles próprios, submetidos à dedução transcendental, como se não só doze categorias mas toda e qualquer palavra em nossa linguagem precisasse da dedução, ou digamos, da derivação. As condições do conceito de condição farão, portanto, parte do que a própria palavra "con-dição" diz — estipulações ou termos sob os quais podemos dizer qualquer coisa que seja uns aos outros, os termos ou custos de cada um de nossos termos; como se a filosofia devesse desenterrar todas as condições de nossa dicção. Sente-se em geral, acredito, que Emerson é um tanto irresponsável quanto a aparentes contradições em sua escrita; mas falo de um sentido em que a contradição, a contra-dicção, é a gênese de sua escrita filosófica. "Aversão" é uma das palavras típicas de Emerson para descrever este "contra"; é aproximadamente sua palavra para aquilo que os outros chamam conversão. "Ditame" é o dialeto emersoniano para *aquilo* contra o que ele está investindo; outra de suas palavras para isso é "conformismo". Um desabafo que resume a gênese de sua escrita em "Self-reliance" é: "Cada palavra que eles dizem nos aflige." A visão de *cada palavra* na nossa linguagem, na linguagem humana, como que requerendo atenção, como se a linguagem enquanto tal houvesse decaído, ou pudesse aspirar a um estado superior — um estado, digamos, em que o mundo se expressasse com mais perfeição é algo que, suponho, tem em si uma história complexa. Tal concepção em Emerson e em Thoreau é essencial para a visão de ambos de que o mundo em sua totalidade requer atenção, a bem dizer, redenção, que ele está decaído, morto; é, assim, essencial para aquilo que chamamos, neles, de romantismo.

A diferença entre Emerson e outros profetas ou sábios do século XIX (como Matthew Arnold, Schopenhauer, Kierkegaard) e sua afinidade com Austin e Wittgenstein (em contraste a outros filósofos analíticos cuja desconfiança da linguagem humana alia-se a uma visão em que o comum é substituído, não re-habitado) é seu reconhecimento do poder das palavras comuns — por assim dizer, da vocação que elas têm — de serem redimidas, de redimirem-se a si mesmas e, caracteristicamente, de pedir a redenção à (a partir da) filosofia. Emerson dirá, ou mostrará, que as palavras exigem uma conversão, ou transfiguração, ou um novo afeto; ao passo que Wittgenstein dirá que elas devem ser levadas para casa, como se estivessem no exílio.

Mas, mesmo se considerarmos que, de alguma maneira essencial e interessante, Emerson fornece acesso tanto a Wittgenstein como a Heidegger; e mesmo se considerarmos, para relançar a conversação, que Wittgenstein e Heidegger estabelecem o presente fugaz da possibilidade filosófica, na medida em que posso contribuir para tanto; por que estou sendo tão especialmente insistente em reivindicar a herança de Emerson e de Thoreau? Há outros escritores em comum, atrás de Wittgenstein e de Heidegger — a própria obra de Kant, as obras de Schopenhauer e de Kierkegaard, para não falar em Spengler. Sim, mas herdar, através de uma determinada interpretação, os textos de Kant,

Schopenhauer ou Kierkegaard, para não falar em Spengler, segundo me parece, não fornecerá credibilidade a uma voz filosófica contemporânea, mormente a algum escritor americano. E então? Isto será conseguido se herdarmos, através da interpretação, os textos de Emerson e de Thoreau? Mas vocês mesmos gostam de dizer que esses escritores são reprimidos por sua própria cultura. Estou justamente, no momento, considerando essa condição para marcar o significado de sua pertinência quanto ao presente: eu não *reprimo*, a cultura não *reprime* o pensamento de Schopenhauer, Kierkegaard ou Spengler; eles simplesmente não foram parte da nossa formação.

Uma vez, a respeito de Thoreau, levantei a questão de saber se a América se expressou filosoficamente. Alguém pode achar que essa questão não faz sentido, que ela chega a ser intelectualmente retrógrada; e que a contribuição, ou liderança, da América[1] no crescente esforço internacional de estabelecer a filosofia dentro, ou ao lado, do banco das ciências naturais e cognitivas já é filosofia bastante para uma nação. Mas o fato de que tal ambição exclui a participação dos escritores da minha cultura que mais bem me fazem (para começar, Emerson e Thoreau) significa para mim que ela não é suficiente.

Mais uma vez, sinto-me perseguido pela reação imputada a Wittgenstein, em 1931, ao saber que Schlick iria ensinar numa universidade americana: "O que podemos dar aos americanos? Nossa cultura meio decaída? Os americanos ainda não têm uma cultura. Mas, de nós, nada têm a aprender". Pensando em Wittgenstein, contra o fundo da visão de Spengler, enfatizei, em minha palestra anterior, as dúvidas que Wittgenstein expressou sobre sua própria possibilidade de ser herdado, ou seja, sobre se a Europa continuaria empenhada na descoberta da filosofia. O aspecto desta reação que me ocupa agora é a implicação de que a filosofia, enquanto parte da cultura, só pode ser herdada por uma nação que já possua aquela parte da cultura conhecida por filosofia. Mas suponhamos que eu reivindique figurar entre os herdeiros de Wittgenstein. Estarei com isto sugerindo que a cultura americana tenha adquirido a filosofia depois de meu nascimento, ou seja, desde 1926?

O tópico da herança me leva ao ensaio "Experience" de Emerson o qual, da forma como o compreendo, estabelece entre outras coisas a

[1] Mantivemos a palavra "América" conforme o uso do texto, ou seja, referindo-se especificamente aos Estados Unidos. (N. da T.)

reivindicação de Emerson no sentido de uma certa herança da filosofia, não apenas para si mas para a América, uma primeira herança. Como justificativa, recorro àquilo que, suponho, Emerson tem em mente ao falar de suas expressões paradigmáticas (em "Culture", ensaio que figura, ao lado de "Fate", em *The conduct of life*, livro publicado em 1860) — a saber, de suas transfigurações de termos filosóficos. Por exemplo, tomei sua "autoconfiança" e suas "condições" como transfigurações, respectivamente, da reflexão de Descartes sobre seu próprio pensamento e das condições de Kant das possibilidades da experiência e dos objetos da experiência. Outros exemplos surgirão, aqui e ali. De momento, é pertinente observar que entendo aquela afirmação tão citada e conhecida de "Experience": "Assim, a dor fará de nós idealistas", como, é claro, expressão de leve sabedoria mundana; mas também a entendo como um resumo, ou como uma austera moral de *Crítica da razão pura*, significando, portanto, que a concepção kantiana da experiência como aparência, e a partir daí de um mundo para nós e, simultaneamente, de um mundo de experiência para nós negado, ou perdido, forçar-nos-á a recuperar, na medida do nosso possível, ambos os mundos por meio de uma filosofia de Idéias necessárias, de coisas e matérias além de nosso conhecimento; então, a filosofia tem a ver com a capacidade perplexa de chorar a evanescência do mundo. (Ao final de "Experience", isto é bastante explícito: "A vida da verdade é fria e até agora marcada pelo luto".) Foi mais ou menos isso que falei de início a respeito de *Walden*, ao afirmar que o livro é construído, e sua edificação para nós se ergue, entre outras coisas, na identificação entre luto [*mourning*], ou seja, sofrimento, e manhã [*morning*], ou seja, raiar do dia, como se a dor e o sofrimento fossem os portais do êxtase, manifestando a escrita filosófica como o ensino da capacidade de fazer raiar o dia, mostrando o percurso do luto, do reiterado desinvestimento daquilo que passou. Segundo Freud, este é o caminho (de volta) para o mundo, um reinvestimento do interesse em sua descoberta, algo que Freud chama de sua beleza. (O texto freudiano fundamental aqui, ainda mais diretamente do que "Luto e melancolia", é "Sobre a transitoriedade", de 1918[2]. Ao levar tais pensamentos para "Experience" de Emerson, estou de fato reconhecendo Thoreau como o mais puro intérprete de Emerson, não havendo ninguém assim tão preciso, tão exclusivo.

[2] Referências sobre a tradução dos títulos de Freud em "Livros Citados". (N. da T.)

Num importante estudo recente de "Experience", a professora Sharon Cameron concentra-se no tópico da dor tal como tratado nesse ensaio, guiada por uma pergunta, ou versão de pergunta, necessária, qual seja: "O que acontece com Waldo, o filho de Emerson, mencionado apenas nas páginas iniciais do ensaio, e que desaparece depois?". Sua resposta é, em suma, que nada acontece e tudo acontece com ele, que ele não é esquecido mas gera os tópicos subseqüentes do ensaio, o qual é, portanto, um testamento da terrível perda, um trabalho de seu luto, dando à (sua?) experiência enquanto tal o caráter ou a estrutura da dor. Ela conclui, sugerindo que o "lugar" do filho no corpo do ensaio, quando ele parece esquecido, pode ser compreendido em relação ao trabalho de Abraham e Torok (exposto no livro *The wolf man's magic wand*, de ambos) sobre a distinção entre a introjeção e a incorporação de objetos perdidos em processos dos quais Derrida fornece um registro lingüístico em sua Introdução à tradução inglesa do livro. Embora agora não possa tratar em detalhes desse fascinante material, à medida que prossigo, reunindo algumas intuições que tenho desenvolvido a respeito de "Experience", levarei em consideração certas formulações de Sharon Cameron, juntamente com as da professora Barbara Packer, extraídas de seu esplêndido livro *Emerson's fall*, no qual ela reafirma uma percepção anterior — a de que Emerson tem uma terrível aptidão no sentido de incorporar e de negar (diremos, transcender?) as mortes (da esposa, do irmão, do filho) que teve de absorver.

Os trabalhos de Cameron e de Packer representam uma ruptura tão decisiva com a idéia de que a prosa de Emerson é nevoeiro ou bruma que se torna ainda mais surpreendente, até mesmo desalentador, perceber que Cameron, embora de maneira muito requintada, continua dissociando a pertinência filosófica do empreendimento emersoniano, mesmo e especialmente em "Experience". O que ela especifica como sendo filosofia, ou melhor, como sendo "explicações filosóficas", são explicações que tentam encontrar em Emerson "contradição" e "síntese" — termos que, diz ela, "não são úteis para descrever 'Experience' de Emerson". Já me referi à forma precisa como Emerson reapropria a palavra "contradição". E se, na verdade, "Experience" relança a formulação de Kant contra a intuição intelectual, então uma parte de seu próprio assunto, ao alcance da vista embora não anunciada, é precisamente a necessidade da "síntese", de coletar as experiências numa mesma unidade para conhecer um mundo de objetos.

Vejamos como isto opera numa passagem espantosa, obviamente crucial, em "Experience": "Considero esta evanescência, esta volatilidade de todos os objetos, que os deixa escorregarem por entre nossos dedos justamente quando os seguramos com mais força, como a parte menos nobre de nossa condição". Examinemos em primeiro lugar a conexão entre mão [*hand*] na palavra *un*hand*some* e os dedos impotentes, tentando agarrar. O que é ignóbil, parece-me, não é que os objetos aos quais buscamos nos apegar sejam de certa forma evanescentes e voláteis em si mesmos; ignóbil, sim, é aquilo que acontece quando os agarramos, procurando negar seu caráter distante, inacessível; ou seja, quando concebemos o pensar, digamos, a aplicação de conceitos nos julgamentos, como agarrar alguma coisa, como uma sintetização. A relação entre o pensar e a mão é sublinhada em *O que se chama pensar?* pois, quando Heidegger escreve "Pensar é um trabalho manual", ele quer dizer, segundo suponho, não só que a atividade de pensar é um trabalho prático (sem dúvida pré-industrial), produtivo, que deve ser aprendido, mas também enfatizar que é um trabalho que apenas a criatura dotada de mão pode executar — e executar de forma decisiva como um modo de violência necessária, cotidiana. (Acredito que Emerson quer ver a força auto-erótica projetada nesta conexão entre a mão e os objetos — o que já não acontece em Heidegger, também acredito. Deixo isso de lado, por ora.)

O contrário de agarrar, o que seria a parte mais nobre de nossa condição, segundo suponho, é a forma especificamente humana de atrair — a atração sendo outro fortíssimo termo, ou tom, dominante em Emerson, para denominar o apelo legítimo, a atração, que temos uns pelos outros, e que eu e o mundo temos um pelo outro (como ao dizer "O que atrai minha atenção a terá", passagem de "Spiritual laws"). O termo usado por Heidegger para indicar o oposto de procurar agarrar o mundo é ser *atraído* pelas coisas. Tais afinidades entre pensadores aparentemente distantes — chamemos a elas congruências da paisagem intelectual — são sempre surpreendentes, conquanto bem conhecidas, por sugerirem que um momento daquilo que se poderia considerar como inefável interioridade resulta, na verdade, em algo tão partilhável quanto o pão, ou um certo lago[3].

[3] Alusão ao lago Walden, em cujas cercanias Henry David Thoreau viveu de 1845 a 1847, e que forneceu o título a seu livro mais conhecido, *Walden* (1854). (N. da T.)

Acrescentemos, agora, à afinidade a respeito do ignóbil e do atraente, a idéia de que ambos são parte de nossa condição, da condição humana, ou seja, da condição de nosso pensar, especificamente do nosso conhecimento de um mundo de objetos, e a afinidade de Kant e Emerson com o Wittgenstein de *Investigações* se declara. Ao reivindicar *Investigações* como uma obra kantiana, reivindico para ela o trabalho de estender as categorias do entendimento de Kant ao uso da linguagem e seus critérios enquanto tais, o que se resume no fragmento 90 de *Investigações*:

> *É como se tivéssemos que* penetrar *os fenômemos: mas nossa investigação não se dirige aos fenômenos, e sim, como poderia dizer, às* "possibilidades" *dos fenômenos. Isto quer dizer que meditamos sobre a* espécie de asserções *que fazemos sobre os fenômenos.*

O trabalho de *Investigações filosóficas* distingue-se por situar a idéia da "espécie de asserções" que fazemos na posição que Kant estabelece para as formas de juízo, aquelas funções de unidade às quais "podemos reduzir todos os atos do entendimento" (*Crítica da razão pura*, A 69; B 94): a saber, elas dizem "que espécie de objeto uma coisa é" (*Investigações*, § 373). Mas em *Investigações* não há tal sistema do entendimento, nem um sistema do mundo a ele conseqüente, e a exigência de unidade em nossos julgamentos, ou seja, nossa utilização de conceitos, não é a expressão do caráter condicional ou das limitações de nossa humanidade, mas do esforço humano para escapar dessa humanidade — o que é também uma transformação de uma descoberta de *Crítica da razão pura*. (Digamos que Wittgenstein tenha descoberto o sistemático na ausência de unidade.)

O sentimento de que temos que penetrar os fenômenos é evidentemente produzido pelo sentimento de que há alguma barreira diante dos fenômenos, ou de alguma resistência por parte deles (como se as condições do aparecimento de uma coisa fossem limites, ao dela nos acercarmos; como se o ceticismo registrasse com precisão o afastamento, digamos, a retração do mundo em relação a nós); como se a linguagem tivesse dificuldade em *atingir* os fenômenos, quanto mais em captá-los. Então, todas as nossas palavras são palavras de dor e, portanto, de sofrimento e violência, pois contam perdas, especialmente quando lhes pedimos para agarrarem esses objetos perdidos, que se encolhem, esquecendo ou negando o legítimo apelo de nossa atração, nossa capacidade de receber o mundo, e em lugar disso excluindo o retorno do mundo, como que punindo a nós próprios por sentirmos dor. O aspecto que estou tentando inserir intuitivamente ao sobrepor as regiões que incluem Kant, Emerson e Wittgenstein, relaciona-se, poderia dizer, não a seu desvio em relação ao ceticismo, mas a seu respeito por ele, como que diante de um oponente de valor; penso nisso como o reconhecimento por parte deles, não da incerteza ou do fracasso de nosso conhecimento, mas do nosso desapontamento frente a seu sucesso.

Uma vez que tais intuições, na medida em que Emerson possa contribuir para sua articulação — naquilo que ele chamaria sua orientação [*tuition*] — encontram-se rastreadas através de seus ensaios, sejamos mais sistemáticos — pelo menos, mais organizados — em nossa abordagem do ensaio "Experience" e comecemos pelo início. Ou melhor, comecemos pela primeira pergunta aí colocada: "Onde nos encontramos?".

Quem, em que desamparo, faz tal pergunta? A quem? E a própria pergunta deve ser feita no estado de perplexidade, digamos, de desorientação, que o ensaio descreve em seguida. O poema que prefacia o ensaio é sobre algo ali chamado "os senhores da vida" — algo semelhante a categorias *a priori* da vida humana: Uso, Surpresa, Superfície, Sonho, Sucessão, Erro, Temperamento — e, explicitamente, fala de um menino de olhar perplexo, caminhando "entre as pernas de seus altos tutores" (presumivelmente, esses senhores), a quem a Natureza toma pela mão e sussurra "Querido, não te preocupes... És tu, o fundador; estes são a tua raça". (*Trata-se* de uma criança? Ele é chamado "homenzinho". Será ele mesmo que está descrito, juntamente com os senhores da vida, como "o inventor do jogo/ Onipresente sem nome"? A condição ou predicado composto — onipotente sem nome — poderia ser a de Waldo, no ensaio). Antes da pergunta inicial sobre encontrarmos a nós mesmos, então, somos alertados de que o pensamento do escritor detém-se na fundação. Assim, embora o ensaio seja sobre a dor e o luto, ou a incorporação, ilustráveis, por assim dizer, através da morte de um filho menino, desde o início essa circunstância, embora cheia de perplexidade, deve ser considerada à luz do ensaio como um trabalho, ou reivindicação, de fundação. Mas fundação de quê?

De início, se a pergunta de abertura do ensaio, a questão de encontrarmos a nós mesmos é um convite a perguntar onde estamos, no começo de um texto escrito, e a partir daí a perguntar qual é o estado perplexo, abalado, da leitura (convite reforçado pela frase, aparentemente de resposta: "Numa série da qual não conhecemos os extremos" — lembrando, talvez, que o volume onde esse texto surgiu intitulava-se *Essays: second series*); e se o pensamento que me guia é bem-fundamentado — que a escrita de Emerson deve ser lida como um apelo à filosofia; então, o que está sendo encontrado, ou estabelecido, é uma relação com a filosofia. E, se for assim, já sabemos que uma causa da perplexidade é a conseqüente necessidade de estabelecer, ou reconceber, o que é fundar, o que é uma fundamentação filosófica (ou um chão, pois os passos que damos não devem terminar ou começar em algum lugar?) — e, especificamente, conceber o que significa intuir a fundamentação numa criança (será possível concebê-la como uma criança abandonada [*foundling*]?) e a idéia de encontrarmos a nós mesmos.

A criança do poema será Waldo? De que uma criança, ou um Waldo, é fundador? (Aliás, o nome Waldo entrou muito cedo para a família Emerson e foi mantido através das gerações em homenagem ao fundador da seita dissidente valdense [*Waldensian*], um fato importante para nosso autor. (Assinalado na biografia *Waldo Emerson*, .de Gay Wilson Allen, pp. vii-viii.) Que significância isso pode ter em relação à mudança de Thoreau, dois anos depois da publicação dessa série de ensaios, para encontrar Walden[4], não sei dizer). Por que Waldo jamais é nomeado no ensaio, porém simplesmente descrito como "meu filho"? Esta pergunta impõe outras: Por que, afinal de contas, o filho é invocado? De que maneira os tópicos do ensaio o geram? Por que há tantas crianças geradas neste ensaio? Quais são seus tópicos? Quais são os tópicos de um ensaio de Emerson? Deixo tais perguntas fluirem um pouco para indicar que suas respostas não devem ser captadas antes de se captar o trabalho do ensaio, que, pelo contrário, suas respostas, juntamente com as respostas a perguntas ainda imprevisíveis, são o próprio trabalho, as tribulações do trabalho em si. A pergunta que me guia, portanto, é: por que um ensaio constituído pela busca de seus tópicos, como que em busca de um direito a eles, torna-se um veículo para a filosofia, ou para algo tão próximo quanto possível a ela?

Tomemos, a título de exemplo, a pergunta "Onde nos encontramos?" — uma pergunta feita por alguém perdido, ou à deriva, por quem está perplexo, como que oscilando entre estados, ou níveis, e que

[4] Ver nota 3, p. 85. (N. da T.)

no entanto se encontra controlado o suficiente para formular uma pergunta ou perplexidade; escolhamos duas frases surpreendentes, no ensaio, como respostas explícitas do autor quanto ao seu paradeiro, ao lugar onde pode ser descoberto, e ao que tenha encontrado: "É muito triste, mas tarde demais para ser evitada, a descoberta que fazemos de que existimos. Essa descoberta se chama a Queda do Homem". E dois parágrafos acima: "Estou pronto a morrer naturalmente, para renascer nesta nova América ainda inabordável que encontrei no Oeste". Uma vez que tanto Milton quanto Colombo aparecem entre as muitas seqüências de nomes listados no ensaio, gostaria de considerar como indiscutível que a expulsão do Éden é algo que está sendo invocado como um lugar perdido, daí a descoberta de que existir no mundo já é ser lançado numa perda; indiscutível, também, que encontrar uma nova América no Oeste estando perdido, ou justamente por estar perdido, é lembrar ou repetir alguma coisa que Colombo fez, repetir *Nature*, embora de forma diversa. (É concebível que sejamos todos crianças abandonadas?) Então surge a controvérsia. (Observo entre parênteses o uso característico, em Emerson, da palavra "apelo", adotado por Thoreau. Isso poderia ser a maneira de Emerson dizer que à nossa desnecessária infelicidade ou sofrimento é que *nós* chamamos a Queda do Homem. Poderíamos dar algum outro nome ao fato de saber que existimos. (Como o faz Thoreau, ou assim afirmo que ele o faça, em *The senses of Walden* (p. 104): "O lado do qual o êxtase fala é a experiência que tenho de minha existência, meu conhecimento de mim mesmo como uma entidade humana".) Se você considerar com seriedade o fascinante documento de Kant "Conjeturas sobre o começo da história humana", poderá encontrar-se falando do acontecimento — a descoberta de que a humanidade não tem o seu lar na natureza — como a Ascensão do Homem. Então, torna-se uma pergunta aberta por que somos crônica ou constitucionalmente infelizes, eternos sofredores.

Por que diz Emerson que esta nova América é ainda inabordável? Há muitas possibilidades, três delas óbvias. Em primeiro lugar, é inabordável se ele (ou qualquer outra pessoa relacionada à América) já lá estiver (desde sempre), porém for incapaz de experimentá-la e, portanto, de conhecê-la ou expressá-la; ou incapaz de expressá-la e, portanto, de experimentá-la. Em segundo, não se consegue encontrar uma nação apenas porque lá se chegou; um país deve ser povoado, e quem fala de nação fala de nascimento. Não existe uma nação se nela houver apenas um habitante. A frase de Emerson fala de re-nascer, a partir da natureza e em sua descoberta; e "renascido" implica que há (ou houve) um outro alguém, do qual nascer. Serão dois suficientes? Em terceiro lugar, esta nova América é inabordável através de um processo de continuidade, se encontrá-la for realmente (estar pronto para) renascer, ou seja, sofrer uma conversão; a conversão é girar completamente sobre os próprios passos, reverter, o que parece ser uma questão de *descontinuidade*. "Aversão" é o nome dado por Emerson à sua escrita em "Self-reliance" — ou o nome que ele dá à autoconfiança, em relação ao conformismo.

E é, segundo acredito, a condição sob a qual algo de novo pode ser dito, ou suscitar uma experiência. Quando "Self-reliance" diz: "A autoconfiança é a aversão do conformismo", isso significa que este texto encontra a América, da forma como ela aparece, ou se apresenta, repelente, desgraciosa; e significa que, assim sendo, a América também descobre esta escrita. Emerson, entretanto, retrai-se diante da América, não porque essa "aversão" o afasta dela, mas ao mesmo tempo e sempre, ela o volta em direção à América. A aversão, o adverso, é a forma emersoniana de calcular o inabordável, seu registro daquilo que é desencorajador. Mas o quê, em relação à América, é desencorajador, proibitivo, negativo — o lugar, ou o tópico do lugar? Seu problema é ser inabitável, ou ser indiscutível — e um por causa do outro? E será isto uma forma de dizer: "ela é inculta, não cultivada"? O autor de "Experience", então, está cultivando a América? Dessa forma, estará declarando que ele, também, é inculto? (O autor de "Circles" havia profetizado: "Um novo grau de cultura revolucionaria instantaneamente todo o sistema das aspirações humanas".) Seria como declarar que ele não tem — e, portanto, nós tampouco temos — uma linguagem (realmente nossa). Pode isto ser *dito* (por nós)? Pode ser mostrado? Os empiristas clássicos ingleses haviam interpretado aquilo que chamamos de experiência como feita de impressões, sendo as idéias derivadas das impressões. O que Emerson deseja mostrar, nesses termos, é que, apesar de todo o nosso empirismo, nada (agora) causa impressão em nós, daí decorrendo que não temos uma experiência (realmente nossa), que somos inexperientes. Dessa forma, a escrita de Emerson pretende ser uma provisão de experiência para estes campos — de nossas provações, perigos, ensaios.

Assim, a escrita de Emerson é (uma imagem ou promessa, a constituição de) esta nova América, ainda inabordável: sua aversão é um renascimento, nela, de si mesmo (haverá outros renascimentos); sua presença nos é inabordável, tanto porque não há nenhum *outro* lugar onde a buscar, temos que voltar nossos passos em sua direção, dar voltas sobre nós mesmos; e porque não sabemos se, nela, nossa presença significa povoá-la. "Repovoar os bosques" é uma das formas como Thoreau nomeia sua tarefa de escritor. Uma denominação característica dada por Emerson à sua tarefa de escritor está subentendida na seguinte passagem de "The american scholar": "Aqueles [...] que agem e vivem com [o acadêmico e o artista americano] sentirão melhor a força de sua constituição nos atos e passagens do dia do que se pudessem medi-la em qualquer exibição pública e planejada". A identificação que o escritor propõe entre sua constituição individual e a constituição de sua nação é um tópico à parte. A idéia sempre repetida de que Emerson apenas se interessava em encontrar o indivíduo deveria ceder lugar, ou abrir caminho, para a idéia de que essa busca era sua maneira de fundar uma nação, de escrever sua constituição, de constituir seus cidadãos. Mas, então, por que o autor diz "Eu encontrei" (uma nova América) como que em resposta à pergunta inicial "Onde nos encontramos (a nós mesmos)?". Se considerarmos que aquilo que agora sabemos, que sabemos atualmente, deste escritor, é a sua escritura, que diz "nós" e que diz "eu" — onde quer que ele esteja, nós estamos. Não fosse assim, como poderíamos ouvi-lo? Mas nós o ouvimos? Seu caráter faz uma impressão em nós? Terá ele atingido um novo grau de cultura? Fazer com que consideremos tudo isto é uma boa razão para que ele diga "eu", como se estivesse nos abandonando. Onde nos encontramos?

Como tais descobertas de perdas e de caminhos perdidos, de quedas e de acontecimentos, podem ser imagens da perda de um filho — ou figurações, advindas dessa perda? Será que a idéia da criança como fundador prossegue desde o poema até o corpo do ensaio, ou o ensaio contradiz o poema, mostrando que seu autor nada encontrou?

Consideremos a cautela do escritor a respeito de si mesmo, assim expressa: "Não se deveria de boa vontade pronunciar tais palavras ao alcance de seus ouvidos" (o mesmo "seus" ou "eles" dos quais cada palavra nos aflige); consideremos também que aquilo que se profere, e como, e quando renunciar, são questões que nunca estão distantes desta prosa, desde o tempo de "The divinity school address". No presente contexto, o autor mencionou as palavras "amor" e "religião", e sua relutância em pronunciar é um dos tratamentos do tema do velho e do novo que permeia o texto de "Experience" — velho e novo testamentos, velha e nova filosofia, velhos e novos nascimentos, velhos e novos indivíduos, velhas e novas Inglaterras, velhos e novos mundos. Acrescentemos a isso a função kantiana: se o mundo deve ser novo, então aquilo que cria o que chamamos o mundo — nossa experiência e nossas categorias ("noções", diz às vezes Emerson; digamos: cada uma das nossas palavras) — deve ser novo, ou seja, repronunciado, renunciado. Em "The american scholar", isto é algo que se chama pensar; em *Investigações filosóficas*, este pensar assume a forma de repensarmos os critérios com que aplicamos nossas palavras a um mundo e isto é explicitamente caracterizado por Wittgenstein como algo que exige uma reversão (que eu naturalmente concebo como sendo a aversão emersoniana). Agora computemos a função Colombo, e a função Adão e Eva: Como saber que nomes são usados num novo mundo? Quem são os falantes nativos de nossa língua?

A idéia de um novo mundo é inteligível para a simples filosofia? A filosofia pode aceitar a existência de outros mundos, de vários semelhantes ao nosso mundo, quero dizer, a este. Mas um novo? Isto de imediato me soa como uma *ruptura* com este — ou uma transformação ou conversão dele. E, também, como se algo estivesse por ser *feito* a este mundo. A filosofia, por si só, pode *fazer* alguma coisa? A idéia de Marx — veiculada no mesmo ano em que Emerson escrevia "Experience", na Introdução à *Crítica da filosofia do direito de Hegel* — segundo a qual a classe proletária é a herdeira da filosofia alemã, significa, digamos, que um certo grupo de seres humanos, dadas as condições presentes desenvolvidas através das etapas da história do mundo, está agora finalmente na posição de pôr em prática os ideais da filosofia, e que a história humana enfim começará. Para Emerson, no século XIX americano que representa, ou deveria representar, uma ruptura na história humana, as condições de uma prática filosófica estão diante de *nós*, o grupo dos seres humanos que se encontra aqui. (Aqui — sob *esta* constituição. Mas qual? Emerson está escrevendo uma nova, ou estará ratificando a antiga?) "Nós vemos jovens que nos devem um novo mundo, suas promessas são tão prontas e abundantes." A filosofia, de Platão a Kant, conheceu dois mundos; conhecer a estes já é bastante. Aqui e agora não há razão para que o outro não seja posto em prática, trazido à terra. A América nos privou de razões. Sua própria promessa pode vos enlouquecer, como a morte de uma criança.

Nossa experiência filosófica de agora, nós que aqui nos encontramos, requer que se considere filosoficamente a questão da prática. Esta experiência remonta ao final do ensaio "Experience", que aceita perguntar: "Por que não realizar o seu mundo?". A resposta da frase final — "O verdadeiro romance que a existência do mundo tem por fim realizar será a transformação do gênio em poder prático" — não transfere exatamente o fardo do gênio para o mundo, mas abrange desde a visão de Platão de um Filósofo-rei até a pergunta de Kant sobre como a vontade pura pode ser prática, deixando a questão em aberto. Para Emerson, assim como para Kant, pôr em prática o intelecto filosófico permanece sendo uma questão para a filosofia. Para um pensador como John Dewey, ela se torna, eu diria, um mero problema. Ou seja, Dewey supõe que a ciência mostra o que é a inteligência e que, a partir daí, deduz-se bastante bem aquilo que é a prática inteligente; a missão da filosofia consiste em fazer com que o Iluminismo aconteça, com que as Luzes venham. Para Emerson, a missão não é essa, mas outra — ou, pelo menos, existe uma outra tão importante quanto a anterior: trata-se de nos acordar para o fato de que "as Luzes" têm vindo de forma negativa, não positiva. "Pois os ceticismos não são gratuitos ou anárquicos, mas sim limitações do enunciado afirmativo, e a nova filosofia deve incluí-los e fazer afirmações fora deles, assim como deve incluir as mais antigas crenças." Em um novo mundo, tudo deverá ser perdido e tudo deverá ser achado. A crítica mais costumeira feita contra Emerson é a de que ele nega o trágico. A crítica mais costumeira que ele faz de nós é a de que negamos: negamos tanto as nossas afirmações (com a individualidade que elas contêm, digamos) como as nossas negações (digamos, nossos ceticismos).

A primeira e a última respostas em "Experience" à questão da realização dos mundos da filosofia são recomendações à ignorância — não como uma desculpa mas como o espaço, a possibilidade melhor para nossa ação. No segundo parágrafo: "Não sabemos, hoje, se estamos ocupados ou ociosos". E, no último parágrafo, a idéia assim se resume: "Longe de mim o desespero que prejulga a lei por um empirismo medíocre — uma vez que nunca houve uma tentativa justa que não fosse bem sucedida". Então, a questão é saber se determinada tentativa é justa, por exemplo, se esta escrita será deixada pelo autor de forma a ser bem sucedida. Ao fazer o quê? Realizar a filosofia? Abordar a América? Aproximar de si a morte de Waldo?

A medida da baixeza de nosso empirismo é que, entre as categorias kantianas da experiência de um mundo, não existe nada que se assemelhe exatamente aos "senhores da vida" — Uso e Surpresa, Superfície e Sonho, Temperamento, Sucessão, Realidade, e assim por diante. São essas as categorias nas quais, não os objetos de um mundo, mas o mundo em seu conjunto que é, por assim dizer, experimentado; uma expressão anterior de Emerson para essas categorias é "disposições" [*moods*]. Talvez possamos dizer, atitudes. Quase ao final de *Tractatus logico-philosophicus*, Wittgenstein diz que "se os atos bons ou maus da vontade alteram o mundo [...] seu efeito deve ser que este se torna um mundo totalmente diferente. Ele deve, por assim dizer, expandir-se e decrescer em seu conjunto. O mundo dos homens felizes é diferente do mundo dos infelizes". Pode-se compreender Emerson dizendo que o mundo do temperamento aberto à surpresa é diferente daquele que lhe é fechado; a disposição de quem está pronto a ser útil ao mundo é diferente da disposição de quem está preparado apenas para adaptar-se; diferem o mundo do que sonha e o do que não sonha; daquele disposto a mudar, e o daquele outro atado ao imobilismo; e assim por diante. A existência de um desses mundos de vida depende da nossa descoberta de que ali estamos. Não há qualquer outro fundamento. Nenhuma filosofia adulta pode assegurar a permanência de algum desses mundos, mas os adultos podem destruí-los ou negá-los. Sua dor é a aversão de nossa alegria.

Emerson dá instruções para a tradução do velho ao novo nas frases precedentes àquela em que nomeia sua nova América inabordável.

> *Quando converso com um espírito profundo* [...] *ou tenho bons pensamentos, não chego imediatamente a satisfações, como quando tenho sede e bebo água* [...]; *não! Mas tomo logo conhecimento de minha proximidade com uma nova e excelente região da vida. Persistindo em ler ou em pensar, essa região fornece mais sinais de si, como que em lampejos de luz, em súbitas descobertas de sua beleza e repouso profundos.*
>
> [...] *Mas cada percepção deste âmbito do pensamento é sentida como inicial, e promete um prosseguimento. Eu não o faço [a promessa? o âmbito do pensamento?]; chego lá, e contemplo o que já lá estava [sempre já?]. Eu o faço! Oh, não! Bato palmas com alegria e assombro de criança ante a primeira abertura, diante de meus olhos, desta augusta magnificência,*

velha com o amor e a homenagem de inumeráveis idades, jovem com a vida da vida, a ensolarada Meca do deserto.

Considerando uma "região da vida" como sendo um mundo governado por um senhor da vida, seguirei a instrução do autor no sentido de ler e de pensar (ou seja, a instrução de *persistir* lendo e pensando), estimulado por um sinal ou presságio que essa região do ensaio "Experience" logo de saída fornece a respeito de si mesma, a saber, que o escritor não deseja ou não pode pronunciar o nome de seu filho morto. (Não deseja ou não pode ao alcance dos ouvidos "deles"? Dos nossos, é claro.) Se podemos saber que o nome do filho era Waldo, podemos saber ainda mais (de acordo com G.W. Allen, em seu *Waldo Emerson*): que Waldo era o nome preferido do pai para si mesmo. Então, aquilo que pode ser deixado sem nome pelo pai é uma relação entre pai e filho, alguma coisa que precede as dores nomeáveis. Ao que vem "antes" do nomeável, Emerson chama às vezes sentimento, às vezes pressentimento, como se os sentimentos aparecessem numa estrutura de presságios. O fato de que o pai se recusa a pronunciar uma relação com o filho, nesse sentido, abre a possibilidade de duas trilhas de leitura e reflexão: a da incidência e insistência em filhos e nascimento, do princípio ao fim do ensaio; e a da idéia do sem-nome.

Uma breve pausa para verificar a presença de nascimentos embutidos no ensaio: assinalo apenas o nascimento de Osíris como alguma coisa que sucedeu numa época que talvez considerássemos improfícua; o nascimento de Maomé, codificado em "a ensolarada Meca do deserto"; e o nascimento do escritor, nesta sua América inabordável. E então, do som de *Intimations ode*, de Wordsworth, com sua idéia de que "nosso nascimento é apenas um sono e um esquecimento" (do qual poderíamos acordar, descobrindo que estamos numa escada), chamo atenção apenas para o poema que o prefacia, com as palavras "A criança é o pai do homem", vinculando-o ao poema que prefacia "Experience", com sua criança como fundador — nesta conexão, como fundador do pai; e para acentuar que não vejo limites no conhecimento que os escritores podem ter uns dos outros (se isto causa ansiedade, é uma ansiedade em relação ao próprio inconsciente[5]), confesso que a

[5] Provável alusão ao polêmico livro de Harold Bloom, *The Anxiety of influence: a theory of poetry* (1973). Bloom é citado pelo autor anteriormente, à p. 78 (N. da T.)

difícil observação "Para um contato com [a realidade] pagaríamos até mesmo o elevado preço de filhos e amantes" ecoa em mim como uma alusão, ou interpretação, relativa a *The winter's tale*, em que a morte de um filho e de uma esposa amada é o preço de uma recusa em reconhecer o contato com a realidade de um nascimento.

Uma vez que a relação entre "Experience" e *The winter's tale* é que, em Shakespeare, a significação da morte de um filho de cinco ou seis anos de idade também está embutida do princípio ao fim da obra, e uma vez que interpreto o texto de Shakespeare como representando a problemática do ceticismo em termos das dúvidas que um pai tem, sobre o filho ser ou não realmente seu, sou levado a refletir se, em "Experience", a problemática do ceticismo não está similarmente representada na identidade do filho morto e nas certezas do pai. Isso me leva à função do sem-nome, onde uma linha de raciocínio prosseguiria assim: o homenzinho do poema, digamos que seja Waldo, ou bem é o onipresente sem nome, ou bem é o fundador dessa onipresença. Assim, logo após fundar a América, e tendo "descrito a vida como um fluir de disposições", o autor "deve agora acrescentar que existe aquilo em nós que não muda", uma "causa, que recusa ser nomeada", cuja substância sem limites não cabe em "requintados nomes", tais como "a Fortuna, Minerva, a Musa, o Espírito Santo". "Todo grande gênio tentou representar [esta causa imutável] através de algum símbolo enfático, a saber, Tales, pela água [...] Zoroastro, pelo fogo, Jesus e os modernos, pelo amor [...]" Estará o ensaísta genial de "Experience" representando a causa que recusa ser nomeada através do amor extremado por um filho morto, cuja desaparição ele não pode tornar mais próxima de si?

Emerson chama generalização a essa representação, e prossegue dizendo:

> *Em nossa escrita mais correta, damos a esta generalização o nome de Ser, e com isto confessamos que chegamos até onde podemos ir. Que baste, para alegria do universo, que não tenhamos chegado a uma parede, mas a intermináveis [não nomeáveis?] oceanos.*

A generalização é um tom ou uma função emersoniana que se encontra computada em sua plenitude em "Circles", onde a geração de novos círculos associa-se àquilo que ordinariamente chamamos generalizações, gêneses, gerações; também à idéia do geral [*general*] no sentido de multiplicidade, e no sentido de um oficial de gradação superior, um termo de gradação; e, igualmente, à idéia de generosidade. E se a figura de um círculo é a auto-imagem de um ensaio de Emerson, então uma das gerações em pauta refere-se ao gênero do ensaio de Emerson. O autor diz, nas linhas citadas acima, que a generalização correta, mais ampla, não chegou a uma parede [*wall*]. Será concebível que ela tenha chegado a um Waldo? Quero dizer, a identificação correta de Waldo deverá ser um símbolo enfático do Ser? Então, o que estará simbolizado na incapacidade de pranteá-lo? Ele foi, talvez, a geração mais generosa do pai, sua generalização mais ampla. O destino do ceticismo está, então, selado pela morte de Waldo, ou esse destino abre-se ao luto de Waldo? Em que sentido o escritor se mostra incapaz de chorar sua perda? Se "Experience", assim como *Walden*, é um testamento, é também a promessa de uma dádiva, em razão da morte do testador. Então, a dádiva é a promessa do jovem Waldo, tal como mantida ou fundada no velho Waldo. Mas fundada como?

Esboçarei agora minha intuição de que aquilo que não tem nome, no ensaio, é a antecipação de um nascimento específico.

Comecemos pelo notável tratamento da gravidez, no centro do texto, após um parágrafo onde o autor diz: "Toda a escrita vem pela graça de Deus, assim como todo o fazer e todo ter":

> *No crescimento do embrião, segundo creio,* sir *Everard Home notou que a evolução não parte de um ponto central, mas é coativa a partir de três ou mais pontos* [...] *A vida não tem memória. Aquilo que procede em sucessão poderia ser rememorado, mas aquilo que é coexistente, ou ejaculado de uma causa mais profunda, desconhece a sua própria tendência. Assim sucede conosco* [...] *Suportem estas distrações, este crescimento coetâneo das partes; elas um dia serão* membros, *e obedecerão a uma vontade.*

(Chamo a atenção para o uso deliberadamente bizarro, fisicalizado, etimológico, de "distrações". Emerson está impondo uma imagem das partes, digamos, dos pré-membros, como que *despedaçados*, originados de um desmembramento. É importante que nos lembremos disso.) Quem resiste ao pensamento de que esta passagem é uma descrição de um ensaio de Emerson, e daquilo que o fato de lê-lo acarreta — por exemplo, que o "conosco" em "Assim sucede conosco" nos nomeia, escritor e leitores —, não está em condições de impressionar-se com os diversos indícios dessa identificação — a saber, com a designação, no parágrafo precedente, da origem da escrita numa disposição de Deus para surpreender-nos ou, no parágrafo seguinte, com a frase a respeito de cada gênio que tenta representar; ou pela conjunção das duas idéias de crescimento ou evolução que Emerson chama de sucessão e coexistência — cada uma das quais, e especialmente as duas juntas, descrevem o fato e a ação de palavras e de frases umas sobre as outras.

Existem ainda, para mim, outros indícios decisivos na oração "a evolução [do embrião] não parte de um ponto central" e na expressão "obedecer a uma vontade". A primeira abrevia a imagem de "Circles" a qual, conforme já disse, considero como sendo uma das auto-imagens produzidas por um ensaio emersoniano, alguma coisa "cujo centro está em toda parte e cuja circunferência, em parte nenhuma". Emerson, naturalmente, refere-se, aqui, à definição de Deus de Agostinho; sua aplicação precisa à textualidade de Emerson consiste em que cada frase de um ensaio seu pode ser tomada como seu tópico, e que não há um fim em sua leitura. Dito de outra maneira (na verdade, aproximando-se do que está sugerido em "The divinity school address"), um ensaio emersoniano é um objeto finito que produz uma resposta infinita. A expressão "obedecer a uma vontade" faz ecoar, em meus ouvidos, aquilo que chamo a teoria da leitura em "Self-reliance": a parte do ensaio resumida na fórmula de Emerson "Quem tiver mais disciplina do que eu me domina", uma afirmação de domínio enquanto escuta que configura o domínio de um texto. Daí se segue que aquilo que o ensaio está rememorando [*remembering*], ou dando membradura [*membering*], a vontade única que ele cria para obedecer, e para ser obedecido, é aquilo que o põe em movimento, o desejo de um leitor atento à escuta, persistente. Isto seria (isto daria nascimento, por assim dizer, à) experiência.

(Suponhamos que a derivação da palavra "experiência" — sua própria experiência, de certa forma — passe pelas idéias de perigo, percalço, nascimento, percurso ou jornada, abordagem e assim por diante (idéias essas que, segundo o Apêndice do *American heritage dictionary* a respeito de raízes indo-européias, são desenvolvimentos do radical "per"). Assim sendo, aquilo que eu tenho dito, e direi, sugere que a síntese (histórica, mas não passada) nomeada na e pela palavra "experiência" é reproduzida, ou re-contada, ou re-sintetizada no ensaio de Emerson do mesmo nome.

Esse re-contar seria uma alternativa à idéia de Kant de que "as condições da *possibilidade da experiência* em geral são ao mesmo tempo a *possibilidade dos objetos da experiência*" (*Crítica da razão pura*, A 158; B 197). A demonstração de Kant requer aquilo que ele chama de "esquematismo" para mostrar como os objetos são incluídos ou representados num conceito. O esquematismo de Emerson — permitam que assim o chame — requer uma forma, ou gênero, que sintetize ou transcendentalize os gêneros da narrativa de conversão, da narrativa de escravidão, e da narrativa de viagens e descobrimentos. Para Emerson, as formas que subsumem, incluem objetos sob um conceito (o mundo sob um gênero), tornam-se as condições da experiência, para a sua época. Associo Emerson e Kant em termos da necessidade de um esquematismo (ou temporalização) de formas (para Kant, as formas de juízo que marcam os conceitos; para Emerson, os gêneros dos textos que marcam as narrativas) — o que avança uma proposta de trabalho a ser feito, segundo espero, por outros. Kant diz, na seção da primeira crítica intitulada "O esquematismo dos conceitos puros do entendimento" que "os esquemas não são, pois, mais que determinações *a priori* do tempo, segundo regras" (A 145; B 184) (determinações de permanência ou sucessão ou coexistência ou determinação no tempo), o que relaciona a ordem das categorias à ordem de "todos os objetos possíveis". A observação de Emerson quanto à determinação do tempo necessário para a experiência contemporânea — para que o *agora* do mundo faça uma impressão sobre nós — é a passagem do Velho ao Novo — questões de sucessões que requerem conversão, e a aspiração à liberdade, e a descoberta (chegadas, e portanto partidas, abandonos). Em "The american scholar", a conversão e a idéia que lhe é correlata, transfiguração, são predicados do pensamento em Emerson. Um desdobramento conceitual emersoniano do pensar como uma conversão, ou transfiguração (como fazer uma impressão, dar relevância) — partindo de uma Intuição do que conta a uma Instrução [*Tuition*] de como re-contá-lo — é tal que, nela, as "linhas" kantianas entre o inteligível e o sensível (digamos, com Kant, o ativo e o passivo), e entre os objetos para nós e as coisas em si, não são mais localizáveis. Eu gostaria de dizer que "Experience" de Emerson anuncia e fornece as condições sob as quais um ensaio de Emerson pode ser experimentado — as condições de sua própria possibilidade. Assim, o que caracteriza o ensaio emersoniano é o fato de que anuncia e fornece as condições para si mesmo).

Creio que estou sendo fiel a "Experience", ao considerar a idéia que o ensaio expõe de si mesmo como em estado de gravidez, idéia declarada nas passagens que relacionam o filho, agora morto, ao corpo do pai-autor: "Quando recebo um novo dom, não macero meu corpo para ajustar as contas, pois se eu morresse não poderia ajustar as contas" e "Algo que imaginei ser parte de mim, que não poderia ser arrancado sem me dilacerar, nem aumentado sem me enriquecer, tomba de mim sem deixar cicatriz". Estas passagens são o esforço de um homem por imaginar-se — fantasiar-se — em trabalho de parto.

Tal esforço é continuado na imagística, ali recorrente, de crescer, aumentar — desde um momento literal ou alegórico como "O sujeito existe, o sujeito cresce: todas as coisas mais cedo ou mais tarde encontram seus lugares", até tiradas emersonianas mais famosas, tais como "O eu grande e crescente, enraizado na natureza absoluta, suplanta toda a existência relativa e arruina o reino da amizade e do amor mortais". Que seja a gravidez e o nascimento que ele está aqui imaginando como superando o mortal, dando-lhe raízes imortais, é o que se percebe anunciado na frase precedente: "Mas mesmo o amor ou a aversão mais duradouros têm um *termo* breve" (grifo meu); e, no parágrafo que contém o período "qualquer que seja a linguagem que usemos, nunca podemos dizer nada a não ser aquilo que somos", ele prossegue descrevendo um viajante que aumenta nosso conhecimento de nossa região como um "recém-chegado" e diz que "todo o resto do nosso conhecimento deve ser levado até a mesma extravagância, antes que a alma atinja a *esfericidade que lhe é devida*" (novamente, grifo meu).

A mais bela dessas experiências bastante fantasmáticas de gravidez encontra-se no parágrafo infinitamente admirável, onde Emerson declara-se pronto a "renascer nesta América nova, ainda inabordável" que encontrou. A frase anterior a essa declaração, e que sucede aquela da Meca ensolarada, é: "Sinto um novo coração bater de amor pela nova beleza". Qual dos Waldos tem o coração novo? Será o fim do ceticismo? Uma nova beleza é anunciada. Será o fim da fealdade? Eis aqui, em todo caso, a nova e excelente região devida que nosso novo pensamento e nossa nova conversação podem nos ensinar.

Aquilo que eu poderia chamar a passagem mais metafísica que se mostra a essa luz ensolarada, a luz de perder e de ter um filho, contém a inversão explícita de Kant a respeito do saber: "Tudo aquilo que conheço é recepção". E adiante: "Eu sou e eu tenho: mas nada obtenho e, quando imagino ter obtido alguma coisa, descubro que não é verdade". Sem seguir agora este convite para pensar nas relações estruturais entre epistemologia e economia, entre saber e possuir, e na propriedade como base de nossa relação com as coisas, observo apenas a simples diferença de direção, por assim dizer, entre ter um filho e gerar um filho (ou seja, dar existência a ele) sugerindo que, para que algo me pertença, o que quer que as pessoas pensem, eu devo fundá-lo, devo pertencer-lhe, como outros talvez. ("O que quer que as pessoas pensem": por exemplo, quando confundem seu trabalho com as coisas.) Sob esta luz, a observação de dois parágrafos acima: "É uma lição fundamental da sabedoria saber distinguir o que é seu do que é de outrem" surge como uma dúvida de pai, independente da ansiedade de mãe.

Haverá alguma razão para que, em meus devaneios em resposta às frases fantásticas de Emerson, ele se imagine parindo um filho como um homem e não como uma mulher? Afinal de contas, as mães aparecem em "Experience" tanto quanto os pais; e, assim como "A amada Natureza [...] sussurrou, Querido", no poema que prefacia o ensaio, mais tarde o autor diz a seu "amado estudante": "Vós, o querido de Deus", e parece-me correto pensar nestas palavras como sussurradas. Encontro um precedente para essa idéia do nascimento masculino, que não tentarei demonstrar, no *Livro de Jeremias*:

> *A palavra de Iahweh me foi dirigida*
> *nos seguintes termos:*
> *Antes mesmo de te formar no ventre*
> *materno, eu te conheci;*
> *antes que saísses do seio,*
> *eu te consagrei.*
> *Eu te constituí profeta para as nações.*
> *Mas eu disse: "Ah! Senhor Iahweh,*
> *eis que eu não sei falar,*
> *porque sou ainda uma criança!"*
> *Mas Iahweh me disse:*
> *Não digas: "Eu sou ainda uma criança!"*
> *Porque a quem eu te enviar, irás,*
> *e o que eu te ordenar, falarás...*
> *Então Iahweh estendeu a sua mão*
> *e tocou-me a boca.*

E Iahweh me disse:
Eis que ponho as minhas palavras
em tua boca.
(1: 4-7, 9)[6]

Segundo penso, o ventre onde Deus formou Jeremias é o seu, e o controle espiritual advindo de pôr suas palavras na boca do profeta (aqui, em todo caso) não tem o efeito de feminizá-lo, mas sim de infantilizá-lo. Sentir-se por um momento pequeno, desprovido de palavras, desconcertado, digamos, esmagado, diante de certos textos parece-me ser um sinal de ler sua reivindicação corretamente. Emerson produz tal escrita (profética). Esta é, evidentemente, uma forma do sublime. O que são os pais fundadores da nação? O que fizeram eles especificamente para "criar" "neste continente" uma nova nação "concebida na liberdade"[7]?

Talvez já estejamos tão dentro da região do pensamento deste texto para podermos procurar terra firme, abordando e torcendo um pouco três das afirmações mais desconcertantes, digamos, mais surpreendentes que o ensaísta faz, como reação à morte do filho — torcendo-as em direção ao apelo à filosofia e à América, para então formularmos provisoriamente outras respostas à pergunta: "onde nos encontramos?".

Em primeiro lugar: "Meu sofrimento vem de que o sofrimento nada pode me ensinar, nem pode levar-me um passo sequer em direção à natureza real". Isto é, em geral, compreendido como a confissão de uma falta particular, por parte de Emerson, sua inabilidade de viver o luto; alguns, então, alegarão sua frieza de espírito, aparentemente inata, outros acrescentarão que ele está paralisado pelo desgosto. Mas, qualquer que seja a descrição de seu estado em suas cartas e diários, dias após a morte de Waldo (quando escreveu o célebre "Eu sofro porque não posso sofrer"), o escritor, dois anos mais tarde, afirma aqui que está sofrendo, e duas vezes, na primeira mostrando uma espécie de sofrimento contra o desgosto, por sua própria mudez; como se ele ainda estivesse se recobrando das ilusões de que a dor tem algo a ensinar, por exemplo, de que exista alguma fonte pública, conhecida e instituída, de entendimento e de consolo, digamos, a religião, ou

[6] *A Bíblia de Jerusalém*. São Paulo, Edições Paulinas. (N. da T.)

[7] Alusões à Declaração da Independência dos Estados Unidos e a seus signatários. (N. da T.)

de que haja alguma distância medida com relação ao mundo, conhecida e instituída por uns poucos, digamos, a filosofia. Tais ilusões devem ser transcendidas: "Em muitos espíritos em torno de vós, já existem os elementos de uma doutrina de vida que transcenderá qualquer documento escrito que tenhamos".

Vejamos a seguir: "Nada nos resta agora a não ser a morte". Isto significará que a vida não nos foi deixada, que ela acabou, agora que Waldo está morto? Mas agora, antes de tudo, ele, o pai, está escrevendo; encontramos a nós mesmos, isto acontece, aqui, nesta série de ensaios, de palavras, de degraus ou plataformas de estados de espírito e de poderes que sobem e descem. Um testamento consiste em escrever pensando na morte; mas, se ele o escreve, não está morto, e aí está o seu mistério. Como se ele estivesse pensando: se Waldo tivesse sido aquele por quem o tomei, e se a dor tivesse sido aquilo que imaginei, eu teria me reunido a ele na morte. Então, pela minha vida, sou forçado a dar sentido à sua morte, a esta separação e, portanto, à sua vida e, portanto, à minha, ou seja, como suportar seguir adiante com isto, com o *fato* de que, agora, eu continuo; como orientá-lo no Oeste, como continuar a série dando um passo, para cima ou para baixo, para fora ou para dentro da natureza. Mas aprender o que é a morte, o que é a mortalidade, não é uma velha tarefa da filosofia? E se a perda do mundo — digamos, do ser — é a causa da filosofia, que ela tenta superar mesmo enquanto causa; e se devo superar a filosofia; então, para dar sentido à vida de Waldo, tenho que declarar-me filósofo. Mas então, se encontrei uma nova América, tenho que declarar-me como sendo o primeiro filósofo desta nova região, o fundador do pensamento da nação. Conseqüentemente, meu filho é meu fundador, e sua morte deverá ser entendida como a morte de um fundador e de um filho de fundador, como poderíamos, por exemplo, imaginar a relação entre a morte prometida de Isaac e a missão de Abrahão. Devo ver, na morte de Waldo, um sacrifício (um "martírio", ele diz; pensando em Osíris?) pela minha transformação? Mas o fruto do que aconteceu "há sete anos", à época do nascimento de Waldo, deverá "ter um efeito profundo e secular como sua causa". Deve ser imanente. Um sacrifício secular seria uma transcendência, visando não a um espaço superior, mas a uma outra habitação deste espaço — um reconhecimento, digamos, do que me é igual, uma aceitação do fato da separação, de algo "que imaginei ser parte de mim, que não poderia ser arrancado sem me dilacerar".

Se me permitirem fantasiar por Emerson, aqui, posso avançar mais um passo e sugerir que dar nascimento a Waldo encenará essa vida de separação e encenará também a entrega, a promessa dele feita aos outros, pondo, assim, a vida de separação em prática. ("Foi Boscovich quem descobriu que os corpos nunca entram em contato? Bem, as almas nunca tocam seus objetos.") Ele pode encenar essa prática se o ato de escrever puder fazê-lo, se seu texto for seu corpo no qual possa enterrar Waldo, e nós outros, sob certas condições, também podemos descobri-lo como se ele fosse uma nova América, como se fôssemos informados a respeito de uma nova e excelente região, a respeito de um novo ser. O que quer que essa descoberta seja, ela equivale ao que é a leitura de Emerson. A filosofia pode decorrer daí. Esperar-se-á menos de um escritor a quem nunca situamos, que retém tanto mistério, que, de nós, pede transcendência, transformação, aversão, a resposta a um objeto infinito, o esboçar de um novo círculo, o remembramento de fragmentos arrancados de sua obra, arrancados de nós? Ele não pode nomear seu sucessor.

Voltemos à terra e escutemos brevemente a sua terceira reação à morte do filho: "Eu não posso aproximar isto de mim". Naturalmente, isso pode ainda ser considerado como uma outra imagem do isolamento de Emerson em relação ao acontecimento, ou de sua exclusão dessa experiência. Mas suponhamos que ele não esteja falando — ou que não esteja falando apenas — do ponto de vista privado, mas sim filosoficamente, dizendo, segundo suas próprias palavras, aquilo que é necessário, mapeando-o, como a filosofia deve fazer. Sendo assim, seu discurso é, pelo menos, duplo. Como no caso de sua América inabordável, e como digo ser o caso do mundo retraído ante o ceticismo, ele não pode aproximar-se, uma vez que já lá está; de algum modo, é isto que é desapontador — que só há isso. E ele está dizendo algo sobre o termo "próximo", tão denso de sentido para ele.

Desde o início, em "The american scholar", ele buscou o *próximo* como uma das inflexões da problemática do comum, do baixo, do familiar, o que significa, entre outras coisas, a questão do aqui, em nossa pobreza, e não do lá, com sua pompa e circunstância. Ao especificar sua incapacidade de aproximar isto dele, Emerson deixa uma direção aberta. *Eu* não posso aproximar "isto" (como em geral eu não obtenho, mas eu sou e eu tenho); se for para tornar-se mais próximo, *isto* deve chegar mais perto, avizinhar-se mais.

Mas o que isso tudo pode significar? Quanto a abordar a América, significa: eu não posso abordá-la sozinho; a comunidade humana está entre nós, ou não existe em nenhum outro lugar. Com respeito ao presente mundo sensível, no qual viemos a cair, expulsos, isto significa o mesmo que: "Tudo aquilo que conheço é recepção". Portanto, significa o mesmo que superar o pensar no sentido de "agarrar" queira dizer e, se isto for o que Heidegger e Wittgenstein têm em mente, especifica o lugar no qual a filosofia deve ser superada. Em favor de quê? Evidentemente, não em favor da ciência, da poesia ou da religião, das quais essa escrita se diferencia. Em favor, então, da própria filosofia, contra o edifício terminado da filosofia enquanto sistema e enquanto fundação necessária, unificada. Cada um dos filósofos europeus, desde Hegel, sentiu que deveria herdar este edifício e/ou destruí-lo; nenhum filósofo americano tem tal relação com a história da filosofia. Na geração posterior àquela em que Hegel anunciou o término da filosofia, os escritores americanos devem estar livres para descobrir se o edifício da filosofia ocidental é, enquanto tal, europeu, ou se tem uma inflexão americana. (É aqui que a atração sentida por Emerson e Thoreau pela filosofia oriental torna-se crucial, na medida em que um experimento pode ser crucial, uma encruzilhada depois da qual não há retorno. A busca americana da filosofia continua, por vias indiretas, a grande viagem indireta de Colombo, uma vez que ele reencontrou o Ocidente persistindo em direção ao Oriente.)

O que acontece com a filosofia, se sua reivindicação de fornecer fundamentos lhe for subtraída? — digamos, o fundamento da moralidade na razão ou na paixão, da sociedade num contrato, da ciência na lógica transcendental, das idéias nas impressões, da linguagem nos universais ou num formalismo de regras? Se nos encontramos num certo degrau, talvez sintamos que a perda de fundamentos pode ser traumática, que o chão do mundo desmorona, o fundo das coisas desaparece, que nós submergimos, caindo da escada. Mas, em outro degrau, talvez sintamos que essa noção de (falta de) fundamento não é pertinente, que se trata de um pensamento velho para um mundo velho. (A idéia de fundamento enquanto chegar ao fundo de todas as coisas de forma absoluta é ironizada por Thoreau ao descrever, em "The Pond in winter" e "Conclusion", em *Walden*, o tempo em que tomava as medidas do fundo do lago de Walden e as vezes em que tais medidas mostraram-se controvertidas.) O que faço aqui é receber o trabalho de "Experience" como uma transformação, ou substituição, de fundar [*founding*] por encontrar [*finding*], e perguntar que impressão dariam nossas vidas se tal trabalho fosse realizado.

Terminemos esses momentos, iniciando uma resposta que joga com duas idéias desenvolvidas pelo ensaio, ao elaborar essa transformação, ou substituição — as idéias do indireto e da sucessão.

"Indireto" é o nome dado à direção que, segundo já disse, é deixada aberta na confissão de Emerson, "Eu não posso aproximar isto de mim"; é precisamente a direção da recepção, aquela que nos permite sermos abordados, a parte atraente, nobre, de nossa condição. Permeiam o ensaio diversas especificações deste tema do indireto, ou do angular. (Pensemos no indireto como a negação da direção; retoricamente, isso será expresso em várias reversões, especialmente reversões de afirmações.) Elas aparecem de maneira impressionante no resto do parágrafo que se refere a objetos que escorregam por entre nossos dedos, como a parte ignóbil de nossa condição:

> *A natureza não ama ser observada [Eis aqui uma outra frase, num dos grandes motivos de Emerson, emblemática da* Crítica da razão pura, *onde as percepções ou, digamos, as observações, sem conceitos, são cegas] e prefere que sejamos seus bobos e companheiros de brincadeiras [o que, portanto, permitirá brincar e divertir-se com a linguagem, apontando para a comédia intelectual]. A esfera pode servir-nos como bola de jogar, mas nem uma* frutinha *serve para a nossa filosofia [mudando-se a posição, isto significa que não se pode conhecer nem mesmo uma frutinha pela observação (um dos exemplos de Berkeley foi uma cereja) e que se você mudar a posição da observação poderá — fico feliz de que ele assim o diga — "ter a esfera", realizar uma recepção do globo; você talvez até aprenda a exprimir uma concepção nova]. Ela [ou seja, a natureza] nunca nos deu o poder de agir diretamente; todos os nossos golpes são laterais [uma vez que são observações], todas as nossas jogadas são acidentes [significando que nenhuma jogada é qualquer coisa que se pudesse chamar a essência]. Nossas relações uns com os outros são oblíquas e casuais [dito de outra maneira, elas são produzidas por inclinação e por acidente fatal, por um melodrama intelectual, poder-se-ia dizer].*

A idéia do indireto não significa encorajar-nos a agir de soslaio, a golpear de lado; em vez disso, ela nos convida, quando invocada, a acolhermos os golpes, impressionados. (A palavra grega para o rio do esquecimento, que pode ser traduzida por "escondido", pode também ser traduzida por "indireto". Não sendo Polônio, Emerson, por vias indiretas, descobre o indireto. A idéia do indireto, aqui, não é tampouco captada através de formas específicas de linguagem figurada, embora num certo sentido ela possa significar discurso indireto — como se, em nosso filosofar, estivéssemos narrando o que diz a esfera.)

A idéia da sucessão e a do indireto formam um par, pois ambas dizem respeito à idéia de que "a natureza não ama ser observada". (No Novo Testamento, é a obtenção do céu que não será observada — como se o que substitui essa jornada para Emerson, assim como para Nietzsche e para Marx, fosse atingir a terra. Isto não acontece mais por se fazer do que por se desfazer alguma coisa, com passos mais astutos.) Emerson chama de "Sucessão" a um dos senhores da vida, um termo ou condição da nossa relação com o mundo em seu conjunto. O termo incorpora ou abrange, juntamente com as idéias americanas de sucesso, a problemática kantiana da sucessão (dos sentidos internos e externos, da temporalidade, lembrando-nos em "Experience": "Devemos desconfiar muito dos enganos do elemento temporal"), e fornece uma crítica tanto da América como de Kant, que mostraria como nos recuperar da condição à qual eles nos condenam, ou seja, como recontar essa condição. As histórias são bem conhecidas embora talvez raramente sejam vinculadas — de que a idéia kantiana de sucessão e a idéia americana de sucesso, respectivamente, estão nos privando de um mundo mais importante do que aquele mundo importante e indubitável que ambas oferecem. Para Emerson, isso não é um indício de nostalgia, digamos, de abrir mão da inteligência em favor do sentimento; é, em vez disso, a causa do pressentimento, ou presságio, da filosofia. Um momento em que sua reação filosófica se expõe — inesperadamente, como de hábito — é o final de "Experience", onde Emerson imagina-se dirigindo a si mesmo a pergunta: "Por que não realizar o seu mundo?", e imediatamente a recusa, ou a recusa diretamente (diz ele, ali, "polemicamente"). Em seguida, após afirmar a tese, ou a tautologia: "Nunca houve uma tentativa justa que não fosse bem sucedida", ele coloca a injunção "Paciência, paciência, acabaremos por vencer". Isto não parece ser uma polêmica, mas experimentemos.

Retomemos o parágrafo final:

> *Eu sei que o mundo com o qual converso na cidade e na fazenda não é o mundo que* eu penso. *Observo e obser-*

> *varei esta diferença. Um dia saberei o valor e a lei de tal discrepância. Mas não verifiquei que muito tenha sido ganho por tentativas manipulatórias de realizar o mundo do pensamento. Muitas pessoas ávidas, sucessivamente, têm feito experiências dessa forma, tornando-se ridículas. Elas adquirem maneiras democráticas, espumam pela boca, odeiam e negam. Pior ainda, observo que na história da humanidade não há jamais um exemplo solitário de sucesso — considerando-se seus próprios critérios de sucesso. Digo isto polemicamente, ou em resposta ao desespero que prejulga a lei por um empirismo medíocre —, uma vez que nunca houve uma tentativa justa que não fosse bem sucedida. Paciência, paciência, acabaremos por vencer.*

Eis uma textura que é razoavelmente traiçoeira do resumo emersoniano, pois nela a tarefa de sua prosa consiste em juntar cenas que podem dar lugar a certas inversões e diminuições da série corrente de seus temas dominantes. As palavras ou tons repetidos nas poucas frases citadas acima são *saber*, *observar*, *realizar*, *mundo*, *lei*, *fazer*, *pensar* e *pensamento*, *sucesso* e *bem-sucedido* e *sucessivamente*, *experiência* e *empirismo*, *manipulatória* e *maneiras* — como se, para nos mostrar como estamos sem fôlego, na obscuridade, ele se permitisse parecer também sem fôlego e obscuro. Chamo aqui a atenção para duas passagens.

Ao dizer (como que rezando) "Longe de mim o desespero que prejulga a lei [da discrepância entre o mundo do pensamento e o mundo da observação — os dois mundos de Kant cuja habitação simultânea distingue o humano] por um empirismo medíocre", o ensaio de Emerson está voltando sua prece para o desespero, aproximando de si o sofrimento. Como se Emerson estivesse orando: há desespero e desespero, experiência e experiência; próximo esteja de mim o desespero que julga a lei dos dois mundos por um empirismo grande e significativo. E, ao repetir o motivo da descoberta — "Não verifiquei que muito tenha sido ganho por tentativas manipulatórias de realizar o mundo" —, Emerson está respondendo à pergunta: "Por que não realizar o seu mundo?" em termos da pergunta inicial do ensaio sobre encontrarmos a nós mesmos, juntamente com uma de suas primeiras fundamentações a respeito da ignomínia da nossa condição. Como se ele dissesse: Tenho respondido a *esta* pergunta sobre a realização desde as primeiras palavras do ensaio. *Isto*, diante de vós, é o trabalho (de fato e em promessa) de realizar o meu mundo.

Uma vez que, aqui, Emerson imagina que seu leitor (algo ainda a ser especificado), ao final, ainda deseje interrogar sobre uma realização que é (ou que especificamente deixa de ser) oferecida em cada frase, ele deve imaginar que suas ofertas são rejeitadas. Então, ele deve rejeitar a interrogação filosoficamente, ou seja, deve responder polemicamente — não a título de vingança, mas como controvérsia, devolvendo a questão com uma pressa pouco filosófica. Imaginar que as ofertas em suas palavras sejam destruídas (dessa forma, irrealizadas) — imaginando que elas não inspirem gratidão, mas sim desapontamento como se, ao denominar precisamente o que seus leitores desejem, ele os privasse de um mundo e não lhes mostrasse o deles; a ironia é perfeita — é imaginar que nada preencherá o vazio da América. Desta forma, sinto-me desconcertado diante da resignação de Emerson: "Paciência, paciência". Ainda que ditas principalmente para si mesmo, tais palavras deverão ser anunciadas, digamos, como parte da luta contra uma ironia perfeita, reconhecendo que a desilusão e o cinismo, numa democracia, são paixões politicamente devastadoras.

Ele se encontra ao termo das palavras de que dispomos; já dá o seu trabalho por encerrado. E aquilo que não pode ser dito não pode ser mostrado; nada aqui é secreto. O que está agora diante de nós, inabordável, deve ser reconhecido ou evitado agora, deve acontecer agora ou nunca. A poesia, já se disse, é fazer — digamos, um trabalho. Isso não deveria ser tomado como uma resposta à pergunta do que seja a poesia, mas como um incitamento a que se considere a questão; em primeiro lugar, a questão do que é o fazer poético, ou o trabalho poético. Um aspecto essencial da obra diante de nós é o ensino, ou a exemplificação, do que é o trabalho (a obra de Emerson; digamos, a obra filosófica) — do que há, em nosso trabalho, e em nossas idéias de trabalho, que impede que aconteçam justamente as coisas que mais desejamos ver realizadas. Se a morte de Waldo não aconteceu para esse escritor, ocorreu-lhe seu nascimento? A América aconteceu? Sem dúvida a questão é romântica. Então, coloca-se a questão: haverá alguma maneira alternativa à romântica de efetuar a pergunta? Se vocês não produzirem tal alternativa, e se, entretanto, desejarem manter a questão, então, terão não só que concluir que não estamos além das exigências do romantismo, mas também esperar que essas exigências não estejam além de nós.

O enfático apelo de Emerson à paciência deveria ameaçar uma conhecida idéia do poder emersoniano, pois Emerson faz o poder parecer terrivelmente semelhante (a partir de certa perspectiva, parecer idêntico) à passividade. Gostaria de dizer que é do poder filosófico da passividade que Emerson caracteristicamente trata, considerando aquilo que ele chama de atração — tão importante para ele como a gravidade para Newton. Uma vez que, na figura de Waldo, o poder da passividade, digamos, da paixão, é mostrado como um luto, Waldo significa: a filosofia começa na perda, no encontrar a si mesmo perdido, mais ou menos como diz Wittgenstein. A filosofia que não começa assim é conversa vã ("esta América loquaz", como se lê em "Experience"). A perda *enquanto tal* não é para ser superada, ela é interminável, pois cada nova descoberta pode contrair uma nova perda. (O fundamento não vai além de cada ato da descoberta.) Assim sendo, a filosofia termina na recuperação de uma perda terminável. A filosofia que não termina dessa maneira, mas que busca encontrar-se antes ou além disso é, nesse sentido, conversa vã. A recuperação da perda é, em Emerson, assim como em Freud e em Wittgenstein, uma descoberta do mundo, um retorno dele, para ele. O preço é necessariamente desistir de alguma coisa, abandonar alguma coisa, sofrer a própria pobreza. Emerson está descrevendo tal processo ao dizer: "A vida em si mesma é uma mistura de poder e de forma [...] Concluir o momento, [viver na sabedoria, é] encontrar o fim da jornada a cada passo do caminho". Uma descoberta a cada passo é a descrição de uma série, talvez na forma de um rascunho, ou de uma frase.

E aqui chegamos a nosso provisório final, pois estamos recomeçando de onde partimos. "O *final*" [*The* last], no qual acabaremos por vencer, se formos pacientes, é um ensinamento sobre a paciência filosófica ou sobre o sofrimento, a recepção, a paixão ou o poder. Ele fala de perdurar enquanto suportar e, especificamente, de suportar como que acompanhando uma trilha, ou seguindo adiante numa sucessão de passos (não é por acaso que [em inglês] o nome da forma do sapateiro é *last*). Então, esse ensinamento fala de sucessão como do abandono de alguma coisa, uma partida, assim como o novo mundo é o abandono do velho, e seguir o próprio gênio implica em deixar de lado ou evitar alguma coisa. Isto é pragmático? (Será isto caminhar, saber como *ir* adiante, filosofar sem saltos? Mas suponhamos que os saltos sejam usos dos pés para dançar (não para marchar) — e, da mesma forma, pode-se fazer uso das mãos para aplaudir (não para agarrar).

Mas saltar e dançar, para Nietzsche, assim como dançar, erguer-se e sentar-se, para Emerson e, para Thoreau, ficar sentado durante um longo tempo num local aprazível — tudo isso apresenta mais algumas questões sobre a postura de pensar, seguir, suceder: em especial, questões sobre *começar* a pensar.)

Agora, escutemos mais uma vez a resposta àquela pergunta do início "Onde nos encontramos?", além de duas frases que a sucedem: "Numa série da qual não conhecemos os extremos", e "Nós acordamos e nos encontramos numa escada", ou seja, num degrau (ou passo). Acontece que é preciso percorrer todo o ensaio para perceber que isso *é* uma resposta. À expressão mais renomada para aquilo que chamei o poder da passividade — o poder de exigir a mudança do mundo em seu conjunto a que Emerson às vezes chama revolução, às vezes, conversão — Thoreau chamará desobediência civil[8]. Esta expressão designa sua duração e expressão numa crise pública, ou seja, uma tirania da maioria. Pode parecer que Emerson se limita, em geral, a durar no domínio privado e não no público, ou seja, na tirania do pensamento. Entretanto, ele diz que escreveria nos batentes das portas (em "Self-reliance"). Talvez ele agora esteja escrevendo assim. Será este um lugar público?

Pode-se bem pensar que eu não deveria ter me fixado com tanta insistência na idéia de Emerson de "durar" sem considerar as idéias de Heidegger sobre seguir caminho, permanecer ou habitar, saltar e recuar; e acolhi a associação das idéias emersonianas de perda e de dar voltas (e, acrescentaria, de série) em seu papel nas *Investigações* de Wittgenstein. O que me parece evidente é que, em Emerson, a descoberta do fundamento como descoberta, ou seja, a transfiguração do solo filosófico em duração, não poderia ter se apresentado como uma proposta filosófica estável antes da configuração da filosofia estabelecida pela obra do último Heidegger e do último Wittgenstein, ou seja, conceber o pensar como saber prosseguir, estar a caminho, sempre e sempre adiante. A cada passo, ou nível, a explicação chega ao fim; não há um nível ao qual todas as explicações virão, no qual todas acabarão. Um americano poderia figurar tudo isso como seguir pela estrada aberta. O filósofo como o nômade do pensamento.

Mas, se dissermos que a obra representada em *O que se chama pensar?* de Heidegger e nas *Investigações* de Wittgenstein fornece os

[8] "Civil disobedience": título do celebrado ensaio de Thoreau cujo primeiro título foi "Resistance to civil government" (1849). (N. da T.)

caminhos da filosofia que Emerson busca, então há — ou não? — uma questão anterior, mais simples, que deveríamos ter enfrentado de saída: Como pode a filosofia — na forma de apelo à filosofia — assemelhar-se à escrita de *Emerson*? Isto talvez ainda permaneça inacreditável. Mas, suponhamos que a pergunta agora seja expressa assim: Por que a filosofia, ou seu apelo, num certo momento histórico, num certo lugar, precisa assumir o estilo de Emerson? (Se *isto* se chama filosofia, que escrita está fora de seus limites?)

Responder a tal pergunta requer que se localizem as tarefas do pensamento e da escrita, cujo encontro (ou exumação, ou produção) terá causado, imaginemos, o estilo da prosa de Emerson — tarefas tais como a transfiguração da fundação em descoberta, do fundamento em duração; a conversão do sucesso americano e da sucessão kantiana numa prática passiva, o poder do luto; a composição de um testamento, de um legado, especificamente de uma promessa; a superação progressiva do ceticismo, digamos, da incomensurável distância com relação ao mundo, por um processo de aproximação concebido como indireto e, dessa forma, um aprendizado sobre a mortalidade, a finitude; um estabelecimento da fundação sem fundador, um chão no qual o poder do domínio é comum, é de domínio comum, do cotidiano. (Emerson poderia ter chamado de argumentação a cada uma dessas tarefas: em "The poet", outro ensaio sobre fundação, necessidade e condição — um poema não é engendrado por versos metrificados, mas por uma argumentação sobre a composição métrica; assim sendo: a prosa filosófica é engendrada não por argumentos, mas por uma argumentação produtora da filosofia.)

Ouço agora uma pergunta final que pode ser bastante cabível: você não acredita realmente que o processo do indireto seja a própria escrita, qualquer escrita cuja seriedade ponha em questão tarefas tais como as que você começou a listar, tarefas cuja autoridade já depende da escrita, até mesmo da literatura, como se você quisesse entregar a filosofia e a literatura aos cuidados uma da outra? E não é esta justamente a linha que você adotou, em *The senses of Walden*, onde a reivindicação de Thoreau pela filosofia é vista como uma função da reivindicação de sua escrita, para despertar a voz? E sua convicção em tudo isto não está encorajada pelos recentes desenvolvimentos no estrangeiro, apesar de toda a sua exasperação diante deles; porque você também, apesar de tudo, pensa que tudo é linguagem, mas não, certamente, a linguagem formal? É verdade que quando ouço Emerson dizer (em "Self-reliance"): "Repousamos no regaço da imensa inteligência, que faz de nós órgãos de sua atividade e receptores de sua verdade", sei que, embora outros, com uma certa condescendência, vejam nessa "inteligência" uma alusão a Deus ou à Alma Suprema [*Over-Soul*[9]], vejo nisso uma alusão, ou uma fantasia, a respeito de nossa linguagem compartilhada, onde almejo descer. (Não nego que essas direções estejam ligadas.) Assim sendo, isto não afirmará apenas que, em sua opinião, nada conta além da linguagem? Num certo sentido, isto é absolutamente falso, num outro sentido, absolutamente verdadeiro. Creio que se pode dizer que, conquanto naturalmente existam coisas no mundo além da linguagem, para as criaturas para quem a linguagem é nossa forma de vida, para aqueles que "Experience" chama de "vítimas da expressão" — os mortais — a linguagem está em toda a parte onde nós nos encontramos, o que significa em toda a parte na filosofia (como a sexualidade na psicanálise). Descoberto isto para a filosofia, bato palmas com alegria de criança, correndo o risco da infantilização, saltando para fora, livre, do discurso imposto, ultrapassando-o. Assim é o sucesso da filosofia.

[9] "The Over-Soul": este conceito capital no pensamento de Emerson é título de um de seus ensaios mais polêmicos (incluído em *Essays: first series*). (N. da T.)

AGRADECIMENTOS

A energia intelectual e a gentileza de meus anfitriões na Universidade de Chicago foram inspiradoras durante as semanas, em maio de 1987, em que proferi as "Carpenter Lectures" daquele ano. Cada uma das minhas palestras (houve uma terceira sobre o melodrama do cinema, ainda inédita) foi precedida e seguida por seminários de debates. É um prazer agradecer à professora Janel Mueller, *chair* do Departamento de Inglês — que foi capaz de tornar agradáveis até mesmo a programação e a reprogramação dos eventos — e seus colegas David Bevington, Wayne Booth, James Chandler, Robert von Hallberg, Gerald Mast, Jay Schleusner e Richard Strier. Espero ter conseguido manter a pertinência das intervenções de todos eles, durante os dias de discussão, assim como a de seus alunos, e dos alunos e amigos do Departamento de Filosofia da Universidade de Chicago, ao revisar e ampliar meus textos para esta publicação.

O seminário na Noruega para o qual reuni o material de "Declinando do declínio" em sua primeira versão pública foi organizado pelos Professores Jakob Meløe e Viggo Rossvaer, a quem sou grato, assim como a seus colegas, pelos agradáveis e enriquecedores dias de filosofia, que se tornaram ainda mais memoráveis graças à participação dos professores Norman Malcolm e Georg von Wright. "A descoberta como fundamento" é um desenvolvimento do material de um curso de palestras sobre Emerson que ministrei na Universidade de Harvard no outono de 1986, acompanhadas de sessões de discussões bi-semanais com alunos de pós-graduação. Dentre as excelentes contribuições àquelas discussões, menciono a do professor visitante Rael Meyerowitz, da Hebrew University, que me questionou especialmente sobre os tópicos das relações entre a filosofia e a poesia, e entre a América e a Europa, e até mesmo entre a profecia no que chamamos a Bíblia e aquilo que Thoreau chama Walden, e Emerson, "Experience". Menciono também a contribuição da professora Anita Goldman que viu, em minha insistência de que a escrita de Emerson representa e exige conversão — e em seus ensaios como sendo, efetivamente, narrativas transcendentais (ou evidências) de conversão — a sugestão de que eles [os ensaios] deveriam fornecer termos com os quais abordar aquilo que ela tem precedentes para chamar de narrativas reais de conversão, segundo uma idéia que atualmente desenvolve como parte de seu trabalho de pós-graduação sobre American Studies em Harvard.

As trocas de idéias e os textos de Karen Hanson (que foi *teaching fellow* em meu curso de palestras sobre *Investigações filosóficas* de Wittgenstein em Harvard, em 1975, quando certas das idéias em "Declinando do declínio" e na Introdução a este volume foram esboçadas e desenvolvidas) afetaram o que está escrito aqui, assim como as conversas com Timothy Gould, Arnold Davidson, Norton Batkin e Gus Blaisdell (e seus respectivos textos). Cada uma dessas pessoas leu a Introdução, assim como Charles Warren, e novamente Michael Fried, dando-me sugestões eficazes. Foi Gus Blaisdell, talvez numa das vezes em que conversamos sobre aquilo que começa e que termina a escrita, e aquilo que pode desviá-la, digamos, como um ponteiro magnético, quem propôs coletar estas palestras num formato especial, o que deu origem ao presente volume. Dois amigos aqui em Harvard leram os rascunhos iniciais destas palestras, Burton Dreben e James Conant; cada um deles, com seus comentários, aprimorou o que eu havia escrito. A habilidade de Dreben de reagir com simpatia e precisão, apesar de certas fortes suspeitas diante de meu empreendimento, é uma permanente fonte de apoio. Porque em "A Descoberta como fundamento" há apenas uma limitada oportunidade de mencionar aqueles cujos trabalhos sobre Emerson me ajudaram, acrescento aqui, representando os demais, o nome de Richard Poirier.

LIVROS CITADOS

ABRAHAM, Nicolas & TOROK, Maria. *The wolf man's magic wand*. Trad. para o inglês: Nicholas Rand. Minneapolis, University of Minnesota Press, 1986.

ALIGHIERI, Dante. *Inferno*. Trad. J.P. Xavier Pinheiro. São Paulo, Rio de Janeiro, Porto Alegre, W.W. Jackson Inc. s/d.

ALLEN, Gay Wilson. *Waldo Emerson*. New York, Viking Press, 1986.

Austin, J.L. *Philosophical papers*. 3ª ed., ed. J.O. Urmson & G.J. Warnock. New York, Oxford University Press, 1979.

BLOOM, Harold. "Mr. America". In *The New York Review of Books*, November 22, 1984.

CAMERON, Sharon. "Representing grief: Emerson's experiences". In *Representations 15* (Summer 1986).

CAVELL, Stanley. *The claim of reason: Wittgenstein, skepticism, morality, and tragedy*. New York, Oxford University Press, 1979.

_________. "Declining decline: Wittgenstein as a philosopher of culture". (Versão condensada). In *Inquiry 31* (1988), 253-64.

_________. *Disowning knowledge: in six plays of Shakespeare*. Cambridge, At the University Press, 1987.

_________. "Emerson, Coleridge, Kant". In *In quest of the ordinary*.

_________. *In quest of the ordinary: lines of skepticism and romanticism*. Chicago, The University of Chicago Press, 1988.

_________. *Must we mean what we say*? Cambridge, At the University Press, 1976.

_________. "Psychoanalysis and cinema: the melodrama of the unknown woman". In *Images of our souls: Cavell, psychoanalysis, cinema*. ed. Joseph Smith & William Kerrigan, 11-43. Baltimore, Johns Hopkins University Press, 1987.

_________. *Senses of Walden*. San Francisco, North Point Press, 1980.

_________. "Thinking of Emerson". In *Senses of Walden*. Op. cit.

COLERIDGE, Samuel Taylor. *The rime of the ancient mariner*. In *The portable Coleridge*, ed. I.A. Richards, 80-104. New York, Penguin Books, 1978.

DERRIDA, Jacques. "Coming into one's own". (versão reduzida de "Freud's legacy".) In *Psychoanalysis and the question of the text*. ed. Geoffrey Hartman, 114-48. Baltimore, Johns Hopkins University Press, 1978.

_________. Prefácio a *The wolf man's magic wand*. Referência em Abraham.

_________. "Freud's legacy". In *The post card*, trad. para o inglês: Alan Bass, 292-337. Chicago, The University of Chicago Press, 1987.

DESCARTES, René. *Meditations*. Ed. Laurence J. Lafleur. Indianopolis, Bobbs Merrill, 1951.

DEWEY, John. *The quest for certainty*. New York, G.P. Putnam's Sons, 1929.

DRURY, M. O'C. "Conversations with Wittgenstein". In *Recollections of Wittgenstein*. Referência em Rhees.

EMERSON, Ralph Waldo. *Essays and lectures*. Ed. Joel Porte. New York, The Library of America, 1983.

_________. *Emerson in his journals*. Ed. Joel Porte. Cambridge, Mass., Harvard University Press, 1982.

FREUD, Sigmund. *Além do princípio de prazer*. In *Obras completas de Sigmund Freud*. vol. XVIII. Trad. Christiano Monteiro Oiticica.

_________. "Luto e melancolia". In *Obras Completas de Sigmund Freud*. vol. XIV. Trad. Themira de Oliveira Brito, Paulo Henriques Britto e Christiano Monteiro Oiticica.

_________. "Recordar, repetir e elaborar". In *Obras completas de Sigmund Freud*. vol. XII. Trad. José Octavio de Aguiar Abreu.

_________. *Obras completas de Sigmund Freud*. 24 volumes. Edição Standard Brasileira das Obras Psicológicas Completas. Rio de Janeiro, Imago Editora Ltda., 1974.

_________. "Sobre a transitoriedade". Edição Standard Brasileira, vol. XIV.

_________. "O estranho". Edição Standard Brasileira, vol. XVII. Trad. Eudoro Augusto Macieira de Souza.

GELLNER, Ernest. *Words and things: an examination of, and an attack on, linguistic philosophy*. London, Routledge & Kegan Paul, 1979.

GOLDFARB, Warren. "I want you to bring me a slab". In *Synthese* 56 (1983) 265-82.

HEIDEGGER, Martin. *Being and time*. Trad. para o inglês: J. Macquarrie & E. Robinson. New York, Harper & Brothers, 1962.

_________. "Building, dwelling, thinking". In *Poetry, language, thought*, 143-62.

_________. "The origin of the work of art". In *Poetry, language, thought*, 15-88.

_________. *Poetry, language, thought.* Trad. para o inglês: Albert Hofstadter. New York, Harper & Row, 1971.

_________. "The thing". In *Poetry, language, thought*, 163-86.

_________. *What is called thinking?* New York, Harper & Row, 1968.

HUME, David. *A treatise of human nature.* Ed. L.A. Selby-Bigge. Oxford, Clarendon Press, 1951.

KANT, Immanuel. "Conjectural beginning of human history". Trad. para o inglês: Emil Fackenheim. In *Kant: on History*, ed. Lewis White Beck, 53-68. Indianapolis, Bobbs Merrill, 1981.

_________. *Critique of Aesthetic Judgement.* Trad. para o inglês: James C. Meredith. Oxford: At the Clarendon Press, 1911.

_________. *Crítica da razão pura.* 2ª ed. Trad. Manuela P. dos Santos & Alexandre F. Morujão. Lisboa, Fundação Calouste Gulbenkian, 1989.

_________. *Prolegômenos a toda metafísica futura.* Trad. Artur Morão. Lisboa, Edições 70, 1988.

KIERKEGAARD, Søren. *Concluding unscientific postcript.* Trad. para o inglês: Walter Lowrie & David Swenson. Princeton, N. J., Princeton University Press, 1970.

_________. *Fear and trembling* e *Sickness unto death.* Trad. para o inglês: Walter Lowrie. Garden City, N. Y., Doubleday Anchor, 1954.

_________. *On authority and revelation: the book on Adler, or a cycle of ethico-religious essays.* Trad. para o inglês: Walter Lowrie. Princeton, N. J., Princeton University Press, 1955.

KRIPKE, Saul A. *Wittgenstein on rules and private language.* Cambridge, Mass., Princeton University Press, 1982.

LACOUE-LABARTHE, Philippe & NANCY, Jean-Luc. *The literary absolute: the theory of literature in german romanticism.* Trad. para o inglês: Philip Barnard & Cheryl Lester. Albany, N. Y., State University of New York Press, 1988.

LAPLANCHE, Jean. *Life and death in psychoanalysis.* Trad. para o inglês: Jeffrey Mehlman. Baltimore, Johns Hopkins University Press, 1985.

LAPLANCHE, Jean & PONTALIS, J.B. *The language of psychoanalysis.* Trad. para o inglês: D. Nicholson-Smith. New York, W.W. Norton and Company, 1973.

LOWELL, James Russell. *A fable for critics.* In *The shock of recognition*, ed. Edmund Wilson. New York, Farrar, Strauss and Cudahy, 23-78, 1943.

LUTHER, Martin. *Selections from his writings.* Ed. John Dillenberger. Garden City, N. Y., Doubleday Anchor, 1961.

MARX, Karl. "A contribution to the critique of Hegel's theory of right: introdution". In *Critique of Hegel's philosophy of right*, ed. Joseph O'Malley. Cambridge, At the University Press, 1970.

MATHIESSEN, F. O. *American renaissance: art and expression in the age of Emerson and Whitman*. New York, Oxford University Press, 1941.

MCGUINNESS, Brian, ed. *Wittgenstein and his times*. Chicago, The University of Chicago Press, 1982.

MELTZER, Françoise. *The trial(s) of psychoanalysis*. Chicago, The University of Chicago Press, 1988.

NIETZSCHE, Friedrich. *A genealogia da moral*. Trad. Paulo Cesar Souza. Editora Brasiliense, 1987.

_________. *Thus spoke Zarathustra*. Trad. para o inglês: Walter Kaufmann. New York, Penguin Books, 1978.

PACKER, Barbara. *Emerson's fall: a new interpretation of the major essays*. New York, Continuum Publishing Co., 1982.

PASCAL, Blaise. *Pensées*. Trad. para o inglês: H.F. Stewart. New York, Atheneum, 1950.

PLATO. *The republic*. Trad. para o inglês: G.M.A. Grube. Indianapolis, Hackett Publishing Co., 1974.

RHEES, Rush, ed. *Recollections of Wittgenstein*. Totowa, N. J., Rowman & Littlefield, 1981.

_________. "Wittgenstein's builders". In *Discussions of Wittgenstein*. New York, Schocken Books, 1970.

ROUSSEAU, Jean-Jacques. *Émile, or On education*. Trad. para o inglês: Alan Bloom. New York, Basic Books, 1979.

_________. *On the social contract*. Trad. para o inglês Judith R. Masters. New York, St. Martin's Press, 1978.

RUSSELL, Bertrand. "The cult of common usage". In *Portraits from memory and other essays*, 154-59. London, George Allen & Unwin, 1956.

________. "My mental development". In *The philosophy of Bertrand Russell*, ed. P.A. Schilpp, 1-20. New York, Tudor Publishing Co., 1951.

________. "Some replies to criticism". In *My philosophical development*, 159-87. London, George Allen and Unwin, 1985.

SANTAYANA, George. *Scepticism and animal faith*. New York, Dover Publications, 1955.

SCHLEGEL, Friedrich. *Lucinde* e *The fragments*. Trad. para o inglês: Peter Firchow. Minneapolis, University of Minnesota Press, 1971.

SHAKESPEARE, William. *The winter's tale*. Ed. J.H.P. Pafford. London, Methuen, 1963.

SPENGLER, Oswald. *The decline of the west*. Modern Library translation, abridged edition, 1962.

THOREAU, Henry David. *Walden*. Annotated by Walter Harding. New York, Washington Square Press, 1963.

WITTGENSTEIN, Ludwig. *Culture and value*. Trad. para o inglês: Peter Winch. Chicago, The University of Chicago Press, 1980.

_________. *Investigações filosóficas*. Trad. Marcos G. Montagnoli. Rev. Emmanuel Carneiro Leão. Petrópolis, Vozes, 1994.

_________. *Remarks on the foundations of mathematics*. Trad. para o inglês: G.E.M. Anscombe. Cambridge, Mass., M. I. T. Press, 1967.

_________. *Tractatus logico-philosophicus*. Trad. para o inglês: C.K. Ogden. London, Routledge & Kegan Paul, 1922.

_________. *Tractatus logico-philosophicus*. Trad. para o inglês: D.F. Pears & B.F. McGuinness. London, Routledge and Kegan Paul, 1974.

WORDSWORTH, William. "Ode: intimations of immortality from recollections of early childhood". In *Selected poems and prefaces*, 186-90.

_________. *Selected poems and prefaces*. Ed. Jack Stillinger. Boston, Houghton Mifflin Company, 1965.

VON WRIGHT, Georg. *Preface to culture and value by Ludwig Wittgenstein*. Trad. para o inglês: Peter Winch. Chicago, The University of Chicago Press, 1980.

_________. "Wittgenstein in relation to his times". In *Wittgenstein and his times*, ed. B.F. McGuinness. Chicago, The University of Chicago Press, 1982.

Apêndice

EXPERIÊNCIA

Ralph Waldo Emerson

Tradução
Heloisa Toller Gomes

EXPERIÊNCIA[1]

Os senhores da vida, os senhores da vida,
Eu os vi passar,
Cada um a seu modo,
Parecidos ou não,
Corpulentos, sinistros;
O Uso e a Surpresa,
A Superfície e o Sonho,
A Sucessão alerta e o Erro Espectral,
O Temperamento sem a língua,
E o inventor do jogo
Onipresente sem nome;
Alguns à vista, outros a adivinhar
Desfilavam de Leste para Oeste:
O homenzinho, o menor de todos,
Entre as pernas de seus altos tutores,
Perambulava com um ar perplexo:
Pela mão, tomou-o a cara Natureza;
A caríssima Natureza, forte e bondosa,
Sussurrando, "Querido, não te preocupes!
Amanhã, eles terão um outro rosto.
És tu, o fundador! estes são a tua raça!"

Onde nos encontramos? Numa série da qual não conhecemos os extremos e nem mesmo acreditamos que eles existam. Nós acordamos e nos encontramos numa escada; há degraus abaixo de nós e parece-nos que os escalamos; há degraus, muitos degraus, acima de nós, que se perdem de vista nas alturas. Mas o Gênio que, segundo a velha crença, permanece à porta pela qual entramos e nos serve a bebida do es-

[1] Utilizei *The portable Emerson*, New Edition. Penguin Books USA Inc., 1981. (N. da T.)

quecimento para que nada possamos contar, preparou uma poção demasiado forte de forma que nem mesmo agora, pleno meio-dia, conseguimos expulsar de nós a letargia[2]. O sono perdura em nossos olhos durante toda a vida, assim como a noite paira, o dia todo, nos ramos dos abetos. Todas as coisas flutuam e reluzem. Nossa vida não é tão ameaçada quanto o é a nossa percepção. À semelhança de fantasmas, deslizamos através da natureza e não saberíamos reconhecer nosso próprio lugar. Será que nascemos durante um acesso de indigência e frugalidade na natureza, estando ela tão parcimoniosa de seu fogo e tão liberal de sua terra que temos a impressão de que nos falta o princípio afirmativo e que, embora dotados de saúde e razão, não há em nós aquele espírito a mais para alguma criação nova? Possuímos o suficiente para viver até o fim do ano, mas nem um milímetro para comunicar ou investir. Ah, se o nosso Gênio fosse realmente um gênio! Somos como moleiros nos níveis mais baixos de uma corrente, quando as fábricas acima já esgotaram toda a água. Também imaginamos que as pessoas acima de nós tenham erguido suas barragens.

Se qualquer de nós soubesse o que fazemos ou aonde vamos, precisamente quando cremos que mais o sabemos! Não sabemos, hoje, se estamos ocupados ou ociosos. Houve ocasiões em que pensávamos estar indolentes, vindo a descobrir mais tarde que muito foi então realizado e muitas coisas germinaram em nós. Todos os nossos dias são tão improdutivos à medida que transcorrem que é maravilhoso termos obtido, em algum lugar ou momento, algo daquilo que chamamos sabedoria, poesia, virtude. Nada disso recebemos segundo os dias do calendário. Alguns dias celestiais devem ter sido intercalados em algum lugar, como aqueles em que Hermes venceu a lua jogando dados, para que Osíris pudesse nascer[3]. Já se disse que todos os martírios pareceram mesquinhos quando foram suportados. Todo navio é um objeto romântico, exceto quando nele navegamos. Embarque num deles e o romance abandona nosso barco, indo habitar todas as outras velas no horizonte. Nossa vida parece trivial, pouco merecedora de registro. Os homens devem ter aprendido com o horizonte a perpétua arte do recuo e da referência. "Naquelas terras ao longe há ricas pastagens e meu vizinho tem um prado fértil, mas o

[2] Platão, *República* X, 621. (N. da T.)

[3] Plutarco, *Moralia*. (N. da T.)

meu campo", diz o fazendeiro queixoso, "só dá para o gasto". Eu cito as palavras de outro homem; infelizmente, esse outro se esquiva da mesma forma e me cita. É um ardil da natureza degradar, assim, o dia de hoje; uma boa quantidade de burburinho e em algum lugar, magicamente, intercala-se um resultado. Todo telhado é agradável aos olhos até que seja erguido; então, deparamo-nos com a tragédia, com mulheres lamurientas e maridos carrancudos e dilúvios de letargia, e os homens perguntam: "O que há de novo?" como se o antigo fosse tão mau. Quantos indivíduos podemos contar, na sociedade? quantas ações? quantas opiniões? Uma porção tão vasta do nosso tempo é de preparação, tanto dele é rotina e tanto é retrospecto, que a essência do gênio de cada homem reduz-se a umas poucas horas. A história da literatura — considere-se o resultado líquido de Tiraboschi, Warton ou Schlegel — é uma soma de pouquíssimas idéias e pouquíssimas narrações originais; todo o resto sendo variações daquelas. Assim, nesta grande sociedade que se estende amplamente em torno de nós, uma análise crítica descobriria bem poucas ações espontâneas. Quase tudo são hábitos e sensações grosseiras. Até mesmo as opiniões são raras e estas parecem orgânicas em seus expositores, não perturbando a necessidade universal.

Que ópio instila-se em todo desastre! Este se mostra formidável ao dele nos aproximarmos, porém, em última análise, não há uma fricção áspera e aguda, mas sim a mais escorregadia das superfícies; acomodamo-nos, frouxamente, num pensamento; *Ate Dea* é gentil,

> *Sobre as cabeças dos homens, caminhando altiva,*
> *Pisando, suave, com os pés macios.*[4]

As pessoas sofrem e se lamentam, mas sua sorte está longe de ser tão má quanto dizem. Há estados de espírito em que cultivamos o sofrimento na esperança de que, ao menos ali, possamos encontrar a realidade, os picos aguçados e as arestas da verdade. Mas tudo resulta em cenários pintados e falsas aparências. A única coisa que a dor me ensinou foi a reconhecer o quanto é rasa. Ela, como tudo o mais, atua na superfície sem jamais me introduzir na realidade, por cujo contato

[4] Referência a *The anatomy of melancholy*, de Robert Burton: a deusa Ate tem a função de torturar, de formas diversas, a humanidade. (N. da T.)

pagaríamos até mesmo o elevado preço de filhos e amantes[5]. Foi Boscovich quem descobriu que os corpos nunca entram em contato?[6] Bem, as almas jamais tocam seus objetos. Um mar inavegável, com suas ondas mudas, derrama-se entre nós e as coisas que almejamos e com as quais nos entretemos. Assim, a dor fará de nós idealistas. A respeito da morte de meu filho, agora já há mais de dois anos, parece-me ter perdido uma bela propriedade — não mais. Não consigo aproximá-la de mim. Se amanhã me informassem da falência de meus principais devedores, a perda de meus bens talvez fosse, por muitos anos, um grande inconveniente para mim; porém, isso me deixaria da forma como me encontrou — nem melhor, nem pior. Assim sucede com esta calamidade; ela não me toca; algo que eu considerava uma parte de mim, que não poderia ser arrancado sem me despedaçar nem aumentado sem me enriquecer, destaca-se de mim sem deixar cicatriz. Estava caduco. Minha dor é que a dor nada me pode ensinar, nem levar-me um passo sequer para o interior da verdadeira natureza. O indiano sujeito à maldição de jamais sentir o vento a soprar sobre ele, ou a água para ele jorrar, ou o fogo a queimá-lo é, de certa forma, como todos nós[7]. Os acontecimentos mais preciosos são chuvas de verão, sendo nós os impermeáveis que deixam escorrer cada gota. Nada nos resta agora a não ser a morte. Nós a encaramos com sinistra satisfação, dizendo: aí, ao menos, há uma realidade que não nos escapará.

Considero esta evanescência, esta volatilidade de todos os objetos, que os deixa escorregarem por entre nossos dedos justamente quando os seguramos com mais força, como a parte menos bela de nossa condição. A natureza não gosta de ser observada e gosta de que sejamos seus bobos e companheiros de brincadeiras. A esfera pode servir-nos como bola de jogar, mas nem uma frutinha serve para a nossa filosofia. Ela nunca nos deu o poder de agir diretamente; todos os nossos golpes são laterais, todos as nossas jogadas são acidentes. Nossas relações uns com os outros são oblíquas e casuais.

[5] É possível que D.H. Lawrence tenha se inspirado nesta passagem de Emerson para o título de seu romance *Sons and lovers* [*Filhos e amantes*], de 1913. (N. da T.)

[6] R.J. Boscovich, *Philosophiae naturalis redacta ad unicam legem* (1758). (N. da T.)

[7] Referência ao poema de Robert Southey "The curse of Kehama" ["A maldição de Kehama"] (1810). (N. da T.)

O sonho nos libera para o sonho e não há fim às ilusões. A vida é uma sucessão de humores, tal como um colar de contas e, à medida que as percorremos, elas se assemelham a lentes de muitas cores que pintam o mundo segundo sua própria tonalidade, cada uma delas mostrando apenas aquilo que está sob seu foco. Da montanha, vê-se a montanha. Nós animamos o que podemos e só vemos aquilo que animamos. A natureza e os livros pertencem aos olhos que os vêem. Ver o ocaso ou o belo poema, dependerá do humor do homem. Sempre há ocasos, e sempre há gênio; mas somente poucas horas bastante serenas para que possamos saborear a natureza ou a crítica. O mais ou o menos depende da estrutura ou do temperamento. O temperamento é o fio de ferro no qual enfileiram-se as contas. De que adianta a fortuna ou o talento para uma natureza fria e deficiente? Que importa que um homem, um dia, tenha revelado sensibilidade ou discernimento se ele cochila, modorrento, em sua poltrona? Ou se ri a troco de nada? Ou se pede desculpas? Ou está infectado de egoísmo? Ou se pensa em seu dinheiro? Ou é glutão? Ou teve um filho cedo demais? De que adianta o gênio, se o órgão for demasiadamente convexo ou côncavo não podendo, portanto, encontrar uma distância focal dentro do horizonte real da vida humana? De que adianta, se o cérebro for por demais frio ou quente, e o homem não tiver um empenho tal nos resultados que este o encorage a experimentar e a persistir? Ou se a teia for tecida de material exageradamente delicado, tão sensível ao prazer e à dor que a vida estanca pelo excesso de recepção sem o devido escoamento? O que adianta fazer protestos heróicos de regeneração se ele, o mesmo reiterado delinqüente, estiver destinado a cumpri-los? Que conforto pode o sentimento religioso proporcionar quando se suspeita de que depende secretamente das estações do ano e das condições sangüíneas? Conheci um médico espirituoso que descobriu a relação entre a fé e o conduto biliar, afirmando que, quando um homem sofria do fígado, tornava-se calvinista, mas que, se o órgão fosse saudável, tornar-se-ia unitário. É muito mortificadora e custosa a experiência de que algum excesso maléfico, ou alguma fraqueza de espírito, neutraliza a promessa de gênio. Nós vemos jovens que nos devem um novo mundo, suas promessas são tão prontas e abundantes, mas eles nunca saldam o débito; morrem jovens e esquivam-se de prestar contas; ou, se vivem, perdem-se na multidão.

O temperamento também participa plenamente do sistema de ilusões, encerrando-nos numa prisão de vidro que não conseguimos ver. Cada pessoa que encontramos produz uma ilusão de ótica. Na verdade, são todas criaturas de determinados temperamentos, os quais aparecerão num determinado caráter cujos limites jamais serão ultrapassados; mas, se olharmos para elas, parecerão vivas e presumiremos que nelas há um impulso. Naquele momento, parece ser um impulso; com o passar do ano, ou da vida, este se converte numa certa melodia uniforme que o cilindro giratório na caixa de música deve tocar. Os homens resistem à conclusão pela manhã mas a adotam quando a noite chega, de que a disposição prevalece sobre tudo que é tempo, lugar ou condição e não se consome nas chamas da religião. O sentimento moral pode impor certas modificações, mas a textura individual mantém seu domínio e, se não chegar a falsear os julgamentos morais, ao menos estabelecerá a medida da atividade e do prazer.

Assim, exprimo a lei tal qual se lê na tribuna da vida diária, mas não posso deixá-la sem assinalar uma exceção capital. Pois o temperamento é um poder sobre o qual nenhum homem escuta elogios de bom grado, a não ser de si próprio. Na tribuna da física, não podemos resistir contra as influências redutoras da chamada ciência. O temperamento dá cabo de toda e qualquer divindade. Eu conheço as preferências mentais desses médicos. Escuto os risinhos dos frenologistas. Feitores de escravos e raptores na teoria, eles avaliam que cada homem é a vítima de um outro que o controla facilmente por conhecer a lei de seu ser; e, através de sinais triviais como a cor de sua barba ou a inclinação de seu occipício, faz o inventário de seu destino e caráter. A ignorância mais crassa não é tão repugnante quanto essa estultícia impudente. Os médicos dizem que não são materialistas, mas eles o são: O espírito é a matéria reduzida a uma camada delgada ao extremo — oh, *tão* delgada!. Mas a definição de *espiritual* deveria ser: *aquilo que é sua própria evidência*. Que noções atribuem eles ao amor! e à religião! Não se deveria de boa vontade pronunciar tais palavras ao alcance de seus ouvidos, dando-lhes ocasião para profaná-las. Vi um gracioso cavalheiro que adapta sua conversa à forma da cabeça do homem com quem fala! Eu havia imaginado que o valor da vida está em suas inescrutáveis possibilidades; no fato de que nunca sei, ao dirigir-me a um novo indivíduo, o que pode me ocorrer. Carrego na mão as chaves do meu castelo, pronto a atirá-las aos pés de meu senhor quando quer que ele apareça e qualquer que seja o seu disfarce. Sei que ele está por perto, escondido entre os vagabundos. Estorvarei meu futuro, sentando-me em cadeiras de alto espaldar e gentilmente adaptando minha conversação ao feitio de cabeças? Quando eu chegar a isso, os médicos poderão comprar-me por um centavo. "Mas, senhor, a história médica; o relatório do Instituto; os fatos comprovados!" Desconfio dos fatos e dos resultados. O temperamento é o veto ou o poder limitador na constituição, muito justamente aplicado para refrear um excesso oposto na constituição, mas absurdamente oferecido como uma barreira à eqüidade original. Na presença da virtude, todos os poderes subordinados adormecem. Em seu próprio nível, ou tendo em vista a natureza, o temperamento é decisivo. Para o homem apanhado nessa armadilha das chamadas ciências, não vejo qualquer saída além dos elos da cadeia da necessidade física. Dado tal embrião, tal história deve seguir-se. Nesta tribuna, vive-se num chiqueiro de sensualismo, a ser em breve seguido de suicídio. Mas é impossível que o poder criador exclua a si mesmo. Dando acesso a cada inteligência, há uma porta que jamais se fecha, por onde passa o criador. O intelecto, sempre em busca da verdade absoluta, ou o coração, amante do bem absoluto, intervêm em nosso socorro, e basta um sussurro desses altos poderes para acordarmos das lutas inúteis contra tal pesadelo. Atiramo-lo em seu próprio inferno e não conseguiríamos nos retrair novamente a um estado tão degradado.

O segredo de toda essa ilusão está na necessidade de uma sucessão de estados de espírito ou de objetos. Nós, de bom grado, lançaríamos a âncora, mas o ancoradouro é areia movediça. Esta astúcia da natureza, sempre a nos impulsionar, é forte demais para nós: *Pero si muove*. Quando, à noite, contemplo a lua e as estrelas, parece-me estar imóvel, movendo-se elas com pressa. Nosso amor pelo real atrai-nos à permanência, mas a saúde do corpo reside na circulação, e a sanidade mental na variedade ou facilidade de associações. Precisamos da mudança de objetos. A dedicação a um só pensamento torna-se rapidamente odiosa. Nós convivemos com os insanos e devemos entretê-los; então, a conversação se esgota. Uma ocasião, deliciei-me a tal ponto com Montaigne que pensei não precisar mais de qualquer outro livro; antes disso, com Shakespeare; a seguir, Plutarco; depois Plotino; certa vez, com Bacon; posteriormente, Goethe; até mesmo Bettine; entretanto, agora, viro as páginas de qualquer de seus livros languidamente, embora continue sempre a valorizar o seu gênio. Assim também quanto à pintura; cada quadro despertará a ênfase da atenção uma só vez e não é possível retê-la, por mais que desejássemos permanecer encantados da mesma forma. A respeito de quadros, tenho sentido com muita intensidade que, quando se vê um deles bem, deve-se dizer-lhe adeus; nunca mais o veremos da mesma forma. Já recebi boas lições de quadros os quais, a partir de então, pude rever sem emoção ou comentário. É preciso dar um desconto à opinião expressa, até mesmo pelos sábios, sobre um novo livro ou ocorrência. A opinião deles dá-me notícias de seus estados de espírito, além de alguma vaga idéia do fato novo, mas de forma alguma deve ser creditada como a relação durável entre aquele intelecto e aquela coisa. A criança pergunta: "Mamãe, por que hoje eu não gosto tanto da história que você contou ontem?". Oh, criança! assim é até mesmo com o mais antigo querubim do conhecimento. Mas será respondida a tua pergunta, com estas palavras: Porque nasceste para um todo e esta história é um particular? A razão da dor que essa descoberta nos causa (e descobrimos tardiamente, a respeito das obras de arte e do intelecto) é o lamento da tragédia que ela murmura sobre as pessoas, a amizade e o amor.

Essa imobilidade e ausência de elasticidade que achamos nas artes, encontramos ainda mais dolorosamente no artista. Não há qualquer poder de expansão nos homens. Nossos amigos logo nos dão a impressão de serem representantes de certas idéias que jamais ultrapassam ou superam. Permanecem no limiar do oceano do pensamento e do poder, mas nunca dão o passo único que os levaria até lá. Um homem é como um pedaço de cristal do Labrador que não tem brilho, se você o virar na mão até chegar a um ângulo específico; então, ele revelará belas cores profundas. Não existe qualquer adaptação ou aplicabilidade universal nos homens, porém cada um tem seu talento específico, e a maestria dos homens de sucesso consiste em permanecer habilmente onde e quando houver mais oportunidades para que este talento seja posto em prática. Nós fazemos o que devemos e damos a isto os melhores nomes possíveis, desejando receber o elogio de termos premeditado o resultado produzido. Não consigo lembrar-me de qualquer tipo de homem que não seja, por vezes, supérfluo. Mas isto não é lamentável? A vida não merece ser vivida em função de trivialidades.

Naturalmente, toda a sociedade é necessária para que surja a simetria que buscamos. A roda multicolorida deve girar com muita rapidez para parecer branca. Algo se ganha também, ao conviver com tanta loucura e imperfeição. Em suma, quem quer que perca, somos sempre do partido vencedor. A divindade também está atrás de nossos fracassos e loucuras. Os jogos das crianças são uma tolice, mas uma tolice muito educativa. Assim sucede com as coisas maiores e mais solenes, com o comércio, o governo, a igreja, o casamento e também com a história do pão de cada homem e das formas pelas quais ele o obtém. Como um pássaro que nunca pousa mas saltita perpetuamente de galho em galho, assim é o Poder que não habita nenhum homem e nenhuma mulher mas que, por um instante, fala a partir de um deles, e logo depois de algum outro.

Mas de que servem tais sutilezas e pedantismos? De que serve o pensamento? A vida não é a dialética. Nos dias de hoje, segundo penso, já tivemos lições suficientes sobre a futilidade da crítica. Nossos jovens têm pensado e escrito muito sobre o trabalho e a reforma e, com tudo o que escreveram, nem o mundo nem eles próprios avançaram um só passo. O gosto intelectual da vida não tomará o lugar da atividade muscular. Se um homem tivesse que considerar a beleza da passagem de um pedaço de pão em sua garganta, morreria de fome. Na Fazenda Educacional, a mais nobre teoria sobre a vida residia, impotente e melancólica, nas mais nobres figuras de homens e mulheres jovens[8]. Ela não seria capaz de ceifar ou colher uma tonelada de feno; não escovaria um cavalo; e deixou aqueles jovens pálidos e famintos. Um orador político comparou, espirituosamente, as promessas de nossos partidos às estradas do oeste, abertas com toda a pompa, ladeadas de árvores para tentar o viajante, mas que logo tornavam-se cada vez mais estreitas, terminando numa trilha para os esquilos e subindo uma árvore. Assim também a cultura em relação a nós; termina em dor de cabeça. A vida parece indizivelmente triste e árida para aqueles que, ainda há poucos meses, maravilhavam-se com o esplendor da promessa dos tempos. "Hoje não há mais qualquer linha direta de ação ou qualquer devoção entre os iranianos."[9] De objeções e de crítica, já tivemos nossa quota. Há objeções a qualquer curso de vida e de ação, e a sabedoria prática infere uma indiferença nessa onipresença da objeção. Todo o arcabouço de coisas prega a indiferença. Não enlouque-

[8] Alusão a Brook Farm (Massachusetts) onde, entre 1841 e 1846, teve lugar a famosa experiência comunitária dos transcendentalistas norte-americanos. O nome oficial da "associação" era Brook Farm Institute of Agriculture and Education, depois mudado para Brook Farm Phalanx a partir da influência das idéias de Fourier, ali introduzidas por Albert Brisbane. (N. da T.)

[9] Citação tirada de uma coletânea de antigos textos religiosos persas. (N. da T.)

ça de tanto pensar, mas trate de seu negócio, seja onde for. A vida não é intelectual ou crítica, mas vigorosa. Seus benefícios principais destinam-se a pessoas bem situadas, capazes de desfrutar, sem questionamentos, aquilo que encontram. A natureza odeia os bisbilhoteiros e nossas mães expressam o bom senso que nela reside, ao dizerem: "Crianças, comam tudo, sem mais conversas". Preencher a hora — isto é felicidade — preencher a hora, sem deixar brechas para arrependimentos ou aprovações. Vivemos entre superfícies, e a verdadeira arte da vida é patinar bem sobre elas. Mesmo sob as convenções mais velhas e emboloradas, um homem dotado de força natural prospera tão bem quanto no mais novo dos mundos, graças à sua habilidade de trato, de manuseio. Ele é capaz de firmar-se em qualquer lugar. A própria vida é uma mistura de poder e de forma, e não suportará o menor excesso de qualquer desses. Concluir o momento, encontrar o fim da jornada a cada passo do caminho, viver o maior número de horas boas, é sabedoria. Seria coisa não de homens mas de fanáticos, ou de matemáticos, se quiserem, dizer que, considerando-se a brevidade da vida, não vale a pena importarmo-nos se durante um período tão curto estivemos a nos debater com privações ou a viver principescamente. Já que a nossa questão é com os minutos, vamos economizá-los. Cinco minutos, hoje, valem tanto para mim quanto cinco minutos no próximo milênio. Sejamos ponderados, e sábios, e donos de nós mesmos, hoje. Tratemos bem os homens e as mulheres; tratemo-los como se fossem reais; talvez o sejam. Os homens vivem em sua fantasia, como aqueles bêbados cujas mãos são por demais macias e trêmulas para um trabalho eficaz. É uma tempestade de fantasias, e o único lastro que conheço é o respeito à hora presente. Sem qualquer sombra de dúvida, nesta vertigem de aparências e de política, permaneço ainda mais firme na crença de que não deveríamos adiar e deferir e desejar, mas fazer ampla justiça lá onde nós estamos a todos aqueles com quem lidamos, aceitando nossas companhias e circunstâncias concretas mesmo que humildes ou odiosas, nós, os representantes místicos a quem o universo tem delegado todo o seu prazer. Se eles são mesquinhos ou malvados, seu contentamento, que é a derradeira vitória da justiça, é um eco mais satisfatório ao coração do que a voz dos poetas e a simpatia casual de pessoas admiráveis. Na minha opinião, embora um homem reflexivo possa sofrer os defeitos e os absurdos de sua sociedade, ele não pode sem afetação negar a qualquer grupo de homens e mulheres uma sensibilidade ao mérito extraordinário. Os grosseiros e os frívolos possuem o instinto da superioridade, se não a simpatia, e a honram com seu jeito cego e caprichoso, prestando-lhe sincera homenagem.

Os jovens refinados desprezam a vida, mas em mim e naqueles que, como eu, são livres de dispepsia e para quem o dia é um bem saudável e sólido, é um grande excesso de polidez parecer desdenhoso e implorar por companhia. Por simpatia, tornei-me um pouco ansioso e sentimental, mas me deixe sozinho e desfrutarei de cada hora e daquilo que esta me traga, do sumo do dia, tão intensamente quanto os mais velhos mexeriqueiros dos bares. Sou grato por pequenos mimos. Comparei minhas observações às de um amigo que espera tudo do universo e decepciona-se com qualquer coisa aquém da perfeição, e descobri que começo no outro extremo, sem esperar nada, estando sempre cheio de agradecimentos pelos bens moderados. Aceito o clangor e o tinido das tendências contrárias. Também acerto as minhas contas com os tolos e os enfadonhos. Eles fornecem ao quadro circundante uma realidade que sua fugidia e meteórica aparição mal pode dar. Pela manhã, acordo e encontro-me no velho mundo, esposa, crianças pequenas e mãe, Concord e Boston, o velho e querido mundo espiritual e até mesmo, não muito longe, o velho e querido demônio. Se aceitarmos o bem que encontramos sem fazer perguntas, estaremos colhendo amplas medidas. As grandes dádivas não são obtidas pela análise. Tudo o que é bom está na estrada. A região média de nosso ser é a zona temperada. Podemos escalar o espaço fino e frio da geometria pura e da ciência inanimada, ou afundar no da sensação. Entre estes extremos está o equador da vida, do pensamento, do espírito, da poesia — uma faixa estreita. E mais ainda: na experiência popular, tudo o que é bom está na estrada. Um colecionador espia em todas as lojas de quadros da Europa à procura de uma paisagem de Poussin, de um desenho de Salvator; mas a Transfiguração, o Último Julgamento, a Comunhão de São Jerônimo e outras obras tão transcendentes quanto estas estão nas paredes do Vaticano, nos Uffizi ou no Louvre, onde todo passante pode vê-los; isso sem falar dos quadros da natureza em cada rua, dos ocasos e auroras de cada dia, e da escultura do corpo humano, nunca ausente. Recentemente, um colecionador comprou, num leilão público em Londres, um autógrafo de Shakespeare por cento e cinqüenta guinéus; mas qualquer estudante, sem nada pagar, pode ler *Hamlet* e ali detectar segredos ainda inéditos da mais alta importância. Creio que nunca lerei qualquer outra coisa além dos livros mais comuns — a Bíblia, Homero, Dante, Shakespeare e Milton. Então, impacientamo-nos com uma vida e um planeta tão públicos e corremos aqui e acolá à procura de seus recantos e segredos. A imaginação delicia-se com o artesanato dos índios, dos caçadores e das abelhas. Temos a impressão de sermos estranhos, ainda não tão bem aclimatados no planeta quanto os selvagens, os animais e os pássaros. Mas a exclusão também os atinge; atinge o homem que escala, que voa, que desliza, que tem penas e quatro pés. A raposa e a marmota, a águia e a galinhola real, quando vistos de perto, não têm mais raízes no mundo profundo do que o homem e são igualmente locatários superficiais do globo. Então, a nova filosofia molecular mostra os interstícios astronômicos entre os átomos, mostra que o mundo é todo exterior; ele não tem interior.

O mundo mediano é o melhor. A natureza, tal como a conhecemos, não é santa. As luzes da igreja, os ascetas, os hindus e os "comedores de milho"[10], nada disso ela distingue com favores especiais. A natureza chega comendo, bebendo e pecando. Seus favoritos, os grandes, os fortes, os belos, não são filhos da nossa lei; não freqüentam a escola dominical, não pesam sua comida nem observam pontualmente os mandamentos. Se quisermos ser fortes da sua força não devemos abrigar consciências assim desconsoladas, advindas também das consciências de outras nações. Devemos estabelecer o forte tempo presente contra todos os rumores de ira, passada ou por vir. Tantas coisas ainda não foram resolvidas, sendo de importância fundamental resolvê-las — e, nesse meio tempo, agiremos como agimos. Enquanto prossegue o debate sobre a eqüidade do comércio, o qual não chegará a um final antes de um ou dois séculos, a Nova e a Velha Inglaterra podem continuar com suas lojas. As leis nacionais e internacionais de direitos autorais devem ser discutidas e, neste ínterim, venderemos nossos livros o mais caro que pudermos. A utilidade da literatura, a razão da literatura, a legitimidade de se escrever um pensamento, tudo isso é questionado; muito há a se dizer dos dois lados e, enquanto a luta esquenta, tu, ó queridíssimo sábio, persevera em tua tarefa simplória, acrescenta uma linha a cada hora e a cada intervalo acrescenta ainda uma linha. O direito de possuir a terra, o direito da propriedade, é contestado, convocam-se as assembléias e, antes que o voto seja dado, cava em teu jardim, gastando teus ganhos como uma

[10] Alusão aos discípulos do vegetariano místico Sylvester Graham (1794-1851), inventor de um biscoito com o seu nome (*Graham cracker*). (N. da T.)

prenda achada ou uma dádiva dos céus para todos os propósitos serenos e belos. A própria vida é uma bolha e um ceticismo, e um sonho dentro de um sonho. Aceita isto, e tanto mais quanto queiram, — mas tu, querido de Deus! cuida do teu sonho privado; tu não farás falta no desdém e no ceticismo; para isso, há muitos; permanece em teu quarto e trabalha com afinco até que os outros cheguem a um acordo sobre o que é preciso fazer. Tua doença, eles dizem, e tua constituição franzina exigem que faças isto ou evites aquilo, mas fica sabendo que tua vida é um estado fugidio, uma tenda para uma noite e, com ou sem saúde, termina a tua tarefa. Estás enfermo mas não ficarás pior, e o universo, que te quer bem, ficará melhor.

A vida humana é constituída desses dois elementos, o poder e a forma, e a proporção deve ser invariavelmente mantida se quisermos que ela seja doce e consistente. Cada um desses elementos em excesso produz um dano tão maléfico quanto o seria a sua falta. Tudo se precipita para o excesso; toda boa qualidade é nociva se não for bem dosada e, para levar o perigo às bordas da ruína, a natureza faz com que as peculiaridades de cada homem sejam superabundantes. Aqui, no meio das fazendas, tomamos os letrados como exemplos dessa traição. Eles são as vítimas da expressão, na natureza. Você, que vê o artista, o orador, o poeta bem de perto e não acha a vida deles superior à de operários e agricultores, constata que são vítimas de parcialidade, mostram-se magros e abatidos, e os declara fracassados, não heróis, mas impostores — e conclui muito razoavelmente que tais artes não são para o homem, mas que constituem uma moléstia. No entanto, a natureza não estará de acordo com você. A natureza irresistível fez homens assim, e faz mais legiões deles a cada dia. Você admira o menino lendo um livro, contemplando um desenho ou um molde; porém, o que são estes milhões que lêem e contemplam, senão escritores e escultores incipientes? Acrescente um pouco mais dessa qualidade que agora lê e vê, e eles tomarão da pena ou do cinzel. E se alguém se lembra da inocência com que começou a ser artista, percebe que a natureza aliou-se ao inimigo. Um homem é uma impossibilidade de ouro. A linha em que ele deve caminhar é da espessura de um fio de cabelo. Por excesso de sabedoria, o sábio torna-se um tolo.

Caso o destino o permitisse, como seria fácil mantermos eternamente estes belos limites e nos ajustarmos, de uma vez por todas, ao cálculo perfeito do reino da causa e do efeito conhecidos. Na rua e nos jornais, a vida parece ser um negócio tão simples que uma resolução viril e a fidelidade, com sol ou com chuva, à tabela de multiplicação garantiriam o sucesso. Mas, ah! Logo vem um dia, ou talvez seja apenas uma meia hora, com seu sussurro angélico — que desfaz as conclusões de nações e de anos! Amanhã novamente todas as coisas parecerão reais e angulares, os padrões habituais serão restabelecidos, o senso comum tão raro quanto o gênio — é a base do gênio, e a experiência é tudo o que se precisa para cada empreendimento — e, entretanto, aquele que baseasse seu negócio neste princípio logo iria à falência. O poder segue uma rota bem diferente das vias da escolha e da vontade; a saber, os túneis e canais subterrâneos e invisíveis da vida. É ridículo que nós sejamos diplomatas e médicos e pessoas ponderadas; são estes os piores simplórios. A vida é uma série de surpresas e não valeria a pena aceitá-la ou conservá-la se assim não fosse. Deus delicia-se em nos isolar a cada dia, escondendo-nos o passado e o futuro. Gostaríamos de olhar à nossa volta mas, com majestosa polidez, Deus puxa, diante e atrás de nós, impenetráveis telas do mais puro céu. "Vocês não se lembrarão", ele parece dizer, "e não terão expectativas". Todas as boas conversações, costumes e ações vêm de uma espontaneidade que esquece velhos hábitos e torna grande o momento. A natureza odeia os calculistas; seus métodos são acrobáticos e impulsivos. O homem vive aos trancos; assim são nossos movimentos orgânicos; e os agentes químicos e etéreos são ondulatórios e alternados; e a mente prossegue, sempre em seus antagonismos, não prosperando senão através de crises. Nós prosperamos por acidentes. Nossas principais experiências têm sido casuais. A classe mais atraente de pessoas é constituída por aqueles que são poderosos de maneira oblíqua e não através de golpes diretos; homens de gênio, embora ainda não reconhecidos; sente-se o benefício de sua luz sem pagar um custo demasiado alto. Eles têm a beleza do pássaro ou da luz matinal, e não a da arte. No pensamento do gênio existe sempre uma surpresa; o sentimento moral é adequadamente chamado "a novidade", pois não se trata de outra coisa; tão nova para a mais velha inteligência quanto para a criancinha — "o reino cuja vinda não é observável"[11]. De maneira semelhante, o sucesso prático não reconhece a premeditação excessiva. Um homem prefere não ser observado ao fazer aquilo que ele melhor faz. Há uma certa mágica na

[11] Lucas, XVII, 20. (N. da T.)

ação mais apta que causa pasmo aos poderes de observação de tal forma que, embora esta aconteça à sua frente, você não se dá conta dela. A arte da vida tem seus pudores e prefere não se expor. Todo homem é uma impossibilidade até que tenha nascido; todas as coisas são impossíveis até que nos deparamos com seu sucesso. Os ardores da piedade concordam ao final com o mais frio ceticismo — que nada é nosso ou de nossas obras —, que tudo pertence a Deus. A natureza não nos guardará a menor folha de louro. Toda a escrita vem pela graça de Deus, assim como tudo o que se faz e se tem. Eu gostaria muito de ser moral e de observar os devidos limites e mesuras que muito prezo, concedendo o máximo à vontade humana; mas, nesse sentido, empenhei meu coração em ser honesto e nada posso ver finalmente, em termos de sucesso ou fracasso, além de maior ou menor força vital, fornecida pelo Eterno. Os resultados da vida são incalculados e incalculáveis. Os anos ensinam muita coisa que os dias desconhecem. As pessoas com quem convivemos conversam, vêm e vão, muito planejam e executam, e algo resulta disso tudo, mas se trata de um resultado não premeditado. O indivíduo engana-se sempre. Ele planejou muitas coisas e recorreu a outras pessoas como colaboradores, teve disputas com algumas ou com todas, deu muitos tropeços e algo se fez; todos avançaram um pouco, mas o indivíduo sempre se engana. O resultado é sempre um tanto novo, muito diferente daquilo que ele prometera a si próprio.

Os antigos, impressionados diante dessa irredutibilidade dos elementos da vida humana aos cálculos, exaltavam o Acaso como uma divindade; mas isto é permanecer demasiadamente dentro do clarão, que realmente fulgura em um certo ponto, uma vez que o universo é quente com o mesmo fogo latente. O milagre da vida, que não se quer exposto mas sim permanecer um milagre, introduz um elemento novo. No crescimento do embrião, segundo creio, *sir* Everard Home notou que a evolução não decorre de um ponto central, mas é coativa a partir de três ou mais pontos[12]. A vida não tem memória. Aquilo que procede em sucessão poderia ser rememorado, mas aquilo que é coexistente, ou ejaculado de uma causa mais profunda, ainda longe de ser consciente, desconhece a sua própria tendência. Assim sucede conosco,

[12] O médico *sir* Everard Home (1756-1632) foi o autor de *Lectures on comparative anatomy* (1814-1828). (N. da T.)

por vezes céticos ou sem unidade, porque imersos em formas e efeitos os quais parecem, todos eles, ser de valor igual e no entanto hostil; por vezes religiosos, ao recebermos a lei espiritual. Suportem estas distrações, este crescimento coetâneo das partes; elas um dia serão *membros* que obedecerão a uma vontade. Nessa única vontade, nessa causa secreta, elas prendem nossa atenção e esperança. A vida dilui-se, assim, numa expectativa ou numa religião. Por debaixo das particularidades triviais e sem harmonia, está a perfeição musical, o Ideal que viaja sempre conosco, o céu sem cobranças ou limites. Observe simplesmente o modo como nos iluminamos. Quando converso com um espírito profundo ou, em algum momento solitário, se tenho bons pensamentos, não chego de imediato a satisfações como sinto quando tenho sede e bebo água; ou ao me aproximar do fogo, estando com frio. Não! Mas tomo logo conhecimento de minha proximidade com uma nova e excelente região da vida. Persistindo em ler ou em pensar, esta região fornece mais sinais de si, como que em lampejos de luz, em súbitas descobertas de sua beleza e repouso profundos, como se as nuvens que a cobrissem afastassem-se em intervalos, mostrando ao viajante que se aproxima as montanhas interiores, com os prados eternamente tranqüilos abrindo-se em sua base onde os rebanhos pastam e os pastores dançam, ao som de suas flautas. Mas cada percepção deste âmbito do pensamento é sentida como inicial, e promete um prosseguimento. Eu não o faço; chego lá, e contemplo o que já lá estava. Eu o faço! Oh, não! Bato palmas com alegria e assombro de criança ante a primeira abertura, diante de meus olhos, desta augusta magnificência, velha com o amor e a homenagem de inumeráveis idades, jovem com a vida da vida, a ensolarada Meca do deserto. E que futuro ela abre! Sinto um novo coração bater de amor pela nova beleza. Estou pronto a morrer naturalmente, para renascer nesta América nova, ainda inabordável que encontrei no Oeste.

> *Uma vez que nem agora nem ontem começaram*
> *Estes pensamentos, que sempre existiram, nem mais se pode*
> *Encontrar um homem que tenha conhecido sua primeira entrada.*[13]

[13] Sófocles, *Antígona*, versos 455-457. (N. da T.)

Se descrevi a vida como um fluxo de humores, devo agora acrescentar que há aquilo em nós que não muda e organiza todas as sensações e estados de espírito. A consciência em cada homem é uma escala que o identifica, quer com a Causa Primeira, quer com a carne de seu corpo; a vida sobre a vida, em infinitas gradações. O sentimento que lhe deu origem determina a dignidade de cada ato e a eterna questão é, não o que você terá feito ou suportado, mas sob que comando você fez, ou suportou.

A Fortuna, Minerva, a Musa, Espírito Santo são nomes curiosos, por demais estreitos para cobrirem tal substância ilimitável. O intelecto desorientado precisa ainda ajoelhar-se diante desta causa que se recusa a ser nomeada — causa inefável, que cada um dos grandes gênios tentou representar através de algum símbolo enfático, Tales pela água, Anaximenes pelo ar, Anaxágoras por *nous*, o pensamento, Zoroastro pelo fogo, Jesus e os modernos pelo amor; e a metáfora de cada um deles tornou-se uma religião nacional. O chinês Mêncius não foi o menos feliz em sua generalização. "Eu compreendo a linguagem amplamente", ele disse, "e alimento bem o meu vigor, que jorra aos borbotões". "Permita-me perguntar, o que chama de vigor que jorra aos borbotões?", observou seu companheiro. "A explicação", Mencius retorquiu, "é difícil. Este supremo vigor é imenso, e indomável ao mais alto grau. Alimente-o corretamente e não lhe faça mal, que ele preencherá o espaço entre o céu e a terra. Tal vigor corrobora e assiste a justiça e a razão, e não deixa fome". Em nossa escrita mais correta, damos a essa generalização o nome de Ser, e com isso confessamos que chegamos até onde podemos ir. Que baste, para alegria do universo, que não tenhamos chegado a uma parede, mas a intermináveis oceanos. Nossa vida parece menos presente do que voltada para o futuro; não para os negócios nos quais é desperdiçada, mas como um sinal deste vigor que jorra aos borbotões. A maior parte da vida parece apenas anunciar nossas faculdades; recebemos a informação de que não devemos nos vender por preço baixo; de que somos muito grandes. Portanto, em peculiaridades, nossa grandeza está sempre numa tendência ou direção, não numa ação. Cabe-nos acreditar na regra, não na exceção. Desta forma se distingue o nobre do ignóbil. Assim, ao aceitar a liderança dos sentimentos, não é aquilo que acreditamos a respeito da imortalidade da alma ou o que quer que seja, mas *o impulso universal de acreditar* que é a circunstância material e o fato principal na história do globo. Descreveremos esta causa como aquela que opera diretamente? O espírito não é impotente ou carente de órgãos mediadores. Ele tem vastos poderes e efeitos diretos. Eu sou explicado sem me explicar, sou sentido sem agir, até mesmo lá onde não estou. Portanto, todas as pessoas justas contentam-se com seu próprio elogio. Elas se recusam a explicar-se, bastando-lhes que novas ações lhes prestem tal serviço. Acreditam que nos comunicamos sem a palavra e além da palavra, e que nenhuma de nossas ações corretas deixa de afetar, de alguma maneira, nossos amigos, por mais distantes que estejam; pois a influência da ação não pode ser medida em milhas. Por que me atormentar se alguma circunstância impediu a minha presença onde esta era esperada? Se eu não estiver naquele encontro, a minha presença onde efetivamente estou deveria ser tão útil à república da amizade e da sabedoria quanto o seria, caso estivesse naquele outro lugar. Eu exerço a mesma qualidade de poder em todos os lugares. Assim viaja o poderoso Ideal diante de nós; nunca se soube que ele ficasse para trás. Nenhum homem jamais teve uma experiência que se saciasse em si mesma, mas o seu bem anuncia algo ainda melhor. Sempre, sempre adiante! Em momentos de liberdade, sabemos que um novo quadro de vida e de dever já é possível; os elementos de uma doutrina de vida, a qual transcenderá qualquer registro escrito que possuímos, já existem em muitos espíritos ao redor. A nova formulação englobará tanto os ceticismos quanto as crenças da sociedade, e a partir das descrenças uma fé haverá de se formar. Pois os ceticismos não são gratuitos ou anárquicos, mas sim limitações do enunciado afirmativo, e a nova filosofia deve incluí-los e fazer afirmações fora deles, assim como ela deve incluir as mais antigas crenças.

É muito triste, mas tarde demais para ser evitada, a descoberta que fazemos de que existimos. Essa descoberta se chama a Queda do Homem. Desde então, desconfiamos de nossos instrumentos. Nós aprendemos que não vemos direta mas intermediariamente, e que não temos meios de corrigir essas lentes coloridas e distorcidas que nós somos, ou de computar o montante de seus erros. Talvez essas lentes-sujeitos tenham um poder criativo; talvez não haja objetos. Outrora, vivíamos naquilo que víamos; agora, a voracidade deste poder novo que ameaça absorver todas as coisas toma conta de nós. A natureza, a arte, as pessoas, as letras, as religiões, os objetos são sucessivamente descartados e Deus é apenas uma dessas idéias. A natureza e a literatura são fenômenos subjetivos; cada coisa boa ou má é uma sombra que projetamos.

A rua está cheia de humilhações para o orgulhoso. Assim como o dândi conseguiu vestir os meirinhos com sua libré fazendo-os servir seus convidados à mesa[14] — assim também os desgostos, que o mau coração produz como bolhas, imediatamente tomam a forma de damas e cavalheiros na rua, lojistas e atendentes de bares nos hotéis, e ameaçam ou insultam o que quer que seja, em nós, suscetível de ameaça ou de insulto. Sucede o mesmo com as nossas idolatrias. As pessoas esquecem que é o olho que faz o horizonte, e que é o âmbito do olho mental que faz deste ou daquele homem um tipo ou um representante da humanidade com o nome de herói ou de santo. Jesus, "o homem providencial", é um homem bom a respeito de quem muitas pessoas estão de acordo, aplicando a ele tais leis óticas. Em parte por amor e em parte pela relutância em apresentar objeções combinou-se que, durante algum tempo, olharemos para ele no centro do horizonte, atribuindo-lhe as propriedades que acompanham todo homem assim visto. Mas mesmo o amor ou a aversão mais duradouros têm um termo breve. O eu grande e crescente, enraizado na natureza absoluta, suplanta toda a existência relativa e arruína o reino da amizade e do amor mortais. O casamento (naquilo que se chama o mundo espiritual) é impossível, em razão da desigualdade entre cada sujeito e cada objeto. O sujeito é o receptáculo do espírito divino e, em cada comparação, deve sentir seu ser exaltado por esse poder enigmático. Embora não em energia mas pela presença, esse reservatório de substância pode ser apenas sentido; e nenhuma força do intelecto é capaz de atribuir ao objeto a divindade apropriada que dorme ou vela, eternamente, em cada sujeito. O amor jamais poderá tornar a consciência e a atribuição iguais em força. Entre cada eu e cada tu, haverá o mesmo abismo que existe entre o original e o quadro. O universo é o noivo da alma. Toda simpatia particular é parcial. Dois seres humanos são como esferas que podem se tocar apenas em um ponto e, enquanto eles permanecerem em contato, todos os outros pontos de cada uma das esferas estarão inertes; também chegará, necessariamente, a vez deles e quanto mais durar uma união particular, mais consumidas de desejo estarão as partes não unidas.

A vida pode ser imaginada, porém não pode ser dividida ou duplicada. Qualquer intrusão em sua unidade seria o caos. A alma não

[14] O episódio refere-se ao dramaturgo inglês Sheridan (1751-1816) e é relatado por *sir* Nathaniel W. Wraxwall, em suas *Posthumous memoirs* (1836). (N. da T.)

nasce gêmea mas sim unigênita e, embora se revele criança com o tempo, criança na aparência, é de um poder fatal e universal, não admitindo qualquer co-vida. A cada dia, cada ato trai a divindade mal-dissimulada. Cremos em nós como não cremos em outros. Nós nos permitimos tudo, e aquilo que nos outros chamamos de pecado, em nós é um ato da experiência. É um exemplo de nossa fé em nós mesmos que os homens nunca falam do crime tão levianamente quanto nele pensam; em outras palavras, o pensamento de cada homem é uma latitude segura para si próprio, que de forma alguma é concedida a outrem. O ato parece ser muito diferente, visto de dentro ou de fora; em sua qualidade e em suas conseqüências. Para o assassino, o assassinato não é tão devastador como o é para poetas e romancistas; não o desestabiliza ou intimida a ponto de afastá-lo de sua observação habitual de trivialidades; é um ato bastante fácil de se premeditar; mas, em suas conseqüências, ele vem a tornar-se um horrível emaranhado, confundindo todas as relações. Os crimes que nascem do amor, especialmente, parecem corretos e justos do ponto de vista do ator mas, uma vez realizados, percebe-se que são destrutivos da sociedade. Nenhum homem, em última análise, acredita que possa se perder ou que o crime, nele, seja tão negro como no malfeitor. Porque, em nosso próprio caso, o intelecto qualifica os julgamentos morais. Pois não existe crime para o intelecto. Ele é antinomiano ou hipernomiano, e julga a lei tanto quanto o fato. “É pior do que um crime, é um engano”, disse Napoleão, falando a linguagem do intelecto. Para este, o mundo é um problema de matemática ou de ciência da quantidade e deixa ao largo o elogio, a culpa e todas as emoções fracas. Todo roubo é relativo. Se você pensa em absolutos, diga-me, quem não rouba? Os santos entristecem-se porque contemplam o pecado (até mesmo em especulações) do ponto de vista da consciência, não do intelecto; uma confusão do pensamento. O pecado, visto pelo pensamento, é uma diminuição, um *menos*; visto pela consciência ou pela vontade, é uma depravação, um *mal*. O intelecto o denomina sombra, ausência de luz, falta de essência. A consciência deve senti-lo como essência, o mal essencial. Isto, ele não é; tem uma existência objetiva, mas nenhuma existência subjetiva.

Assim, é inevitável, o universo veste nossas cores e cada objeto cai sucessivamente no próprio sujeito. O sujeito existe, o sujeito cresce: todas as coisas mais cedo ou mais tarde encontram seus lugares. Tal como sou, assim eu vejo; qualquer que seja a linguagem que usemos, nunca podemos dizer nada a não ser aquilo que somos; Hermes, Cadmo, Colombo, Newton, Bonaparte são os ministros do espírito. Em lugar de nos sentirmos pobres ao nos depararmos com um grande homem, tratemos o recém-chegado como a um geólogo em viagem, passando por nossas terras, e que nos mostra a boa ardósia, ou calcário, ou antracito em nossa própria pastagem. A ação parcial de cada espírito forte em uma direção é um telescópio para os objetos sobre os quais ele aponta. Entretanto, todo o resto do nosso conhecimento deve ser impelido até a mesma extravagância, antes que a alma adquira a esfericidade que lhe é devida. Você vê aquele gatinho perseguindo tão graciosamente sua própria cauda? Se pudesse ver com seus olhos, vê-lo-ia cercado por centenas de figuras a encenarem complexos dramas, com questões trágicas e cômicas, longas conversações, muitas personagens, muitos altos e baixos do destino — e nesse meio tempo, é apenas o gatinho e sua cauda. Quanto tempo haverá até que o baile de máscaras termine, com o barulho de seus pandeiros, seus risos e gritos, e descobrirmos que foi um desempenho solitário? Um sujeito e um objeto — é o que é preciso para completar o circuito galvânico, mas a grandeza nada acrescenta. O que importa se se trata de Kepler e a esfera, Colombo e a América, um leitor e seu livro ou um gatinho com sua cauda?

É verdade que todas as musas, o amor e a religião odeiam tais desenvolvimentos e encontrarão uma forma de punir o químico que divulga, no salão, os segredos do laboratório. E não podemos dizer o bastante de nossa necessidade constitucional de ver as coisas sob aspectos privados, ou saturadas com nossos humores. E no entanto é Deus o nativo destes rochedos desolados. Essa necessidade cria, no âmbito moral, a virtude capital da confiança em si. Precisamos nos aferrar a essa pobreza, por mais escandalosa que ela seja e, através de auto-recuperações mais vigorosas, após as tomadas de ação, possuir o nosso eixo com mais firmeza. A vida da verdade é fria e até agora enlutada; mas não é a escrava das lágrimas, contrições e perturbações. Ela não empreende o trabalho de outrem nem adota os fatos de outrem. Uma lição fundamental de sabedoria consiste em distinguir o que é seu daquilo que é do outro. Aprendi que não posso dispor dos fatos de outras pessoas; mas possuo uma chave para os meus, o que me convence de que, apesar de todas as afirmações em contrário, elas também têm uma chave para os seus. Uma pessoa simpática é colocada no dilema de um nadador entre homens que se afogam, todos os quais procuram nela agarrar-se e, se lhes ceder nem que seja uma perna ou um dedo, eles a afogarão. Pois que desejam ser salvos das misérias de seus vícios, mas não de seus vícios. A caridade seria desperdiçada nesta pobre espera pelos sintomas. Um médico sábio e arrojado dirá: *Saia disto*, como primeira condição de diagnóstico.

Nesta nossa América loquaz, somos arruinados por nossa boa natureza que nos faz escutar a todos os lados. Essa aquiescência priva-nos do poder de sermos realmente úteis. Um homem não deveria ser capaz de olhar a não ser diretamente e para a frente. Uma atenção preocupada é a única resposta à frivolidade inoportuna de outras pessoas; uma atenção, e com um objetivo que torna frívolas suas necessidades. Esta é uma resposta divina, que não deixa lugar para apelos ou ressentimentos. Na ilustração de Flaxman para *As Eumênides* de Ésquilo, Orestes suplica a Apolo, enquanto as Fúrias dormem à soleira da porta. O rosto do deus expressa uma sombra de dor e compaixão, mas está calmo, convencido de que as duas esferas são irreconciliáveis. Ele nasceu em outra política, no eterno e no belo. O homem a seus pés implora por seu interesse nos tumultos da terra, nos quais sua natureza não pode entrar. E as Eumênides ali deitadas exprimem pictoricamente essa disparidade. O deus está saturado de seu destino divino.

A Ilusão, o Temperamento, a Sucessão, a Superfície, a Surpresa, a Realidade, a Subjetividade — são esses os fios no tear do tempo, são esses os senhores da vida. Não tenho a pretensão de indicar sua ordem, mas os nomeio à medida que os encontro em meu caminho. Certamente não reivindico qualquer completeza para o meu quadro. Eu sou um fragmento, e isso é um fragmento de mim. Posso anunciar, com muita confiança, uma ou outra lei que vejo projetar-se em relevo e forma, mas sou demasiado jovem, ainda por alguns séculos, para compilar um código. Durante o tempo que me cabe, eu tagarelo a respeito da política eterna. Não foi em vão que vi tantos quadros belos. Tenho vivido numa época maravilhosa. Não sou mais o noviço que era há catorze anos, ou mesmo há sete anos. E se alguém perguntar: "Onde está o fruto?". Considero que um fruto particular é suficiente. Isto é um fruto — não esperar um efeito imediato às meditações, aos conselhos e ao acúmulo das verdades. Eu acharia lamentável exigir um resultado desta cidade e deste país, um efeito patente neste mês e neste ano específicos. O efeito é profundo e secular, como a causa. Ele opera em períodos em que a duração da vida mortal se perde. Tudo aquilo que conheço é recepção; eu sou e eu tenho: mas nada obtenho, e quando imaginei ter obtido qualquer coisa, descobri que não o fiz. Cultuo, maravilhado, a grande Fortuna. Minha recepção tem sido tão vasta, que não me aborreço ao receber isto ou aquilo superabundantemente. Digo ao Gênio, se ele me permitir a expressão, *tudo isto, e o céu por acréscimo* [*In for a mill, in for a million*]. Quando recebo um novo dom, não macero meu corpo para ajustar as contas, pois se eu morresse não poderia ajustar as contas. O benefício sobrepujou o mérito no primeiro dia e tem sobrepujado o mérito desde então. O próprio mérito, ou aquilo que por tal se considera, vejo como parte daquilo que recebo.

Da mesma forma, a ânsia por um efeito patente ou prático parece-me uma apostasia. Muito seriamente, estou pronto a dispensar esta coisa extremamente desnecessária — o fazer. A vida, para mim, possui um rosto visionário. A ação mais dura, mais rude, também é visionária. Trata-se apenas de uma escolha entre sonhos amenos ou turbulentos. As pessoas depreciam o saber e a vida intelectual, e promovem o fazer. Fico muito contente com o saber, se é que consigo realmente saber. Trata-se de um divertimento augusto, e que haveria de me bastar por um longo tempo. Para saber um pouco, valeria a pena pagar os gastos deste mundo. Ouço sempre a lei de Adrástea: "cada alma que contempla algumas das verdades fica isenta de todos os males até nova viagem"[15].

Eu sei que o mundo com o qual converso na cidade e na fazenda não é o mundo que eu *penso*. Observo e observarei esta diferença. Um dia saberei o valor e a lei de tal discrepância. Mas não descobri que muito tenha sido ganho por tentativas manipulatórias de realizar o mundo do pensamento. Muitas pessoas ávidas, sucessivamente, têm feito experiências dessa forma, tornando-se ridículas. Elas adquirem maneiras democráticas, espumam pela boca, odeiam e negam. Pior ainda, observo que na história da humanidade não há jamais um exemplo solitário de sucesso — considerando-se seus próprios critérios de sucesso. Digo isto polemicamente, ou em resposta à pergunta: "Por que não realizar o seu mundo?". Mas longe de mim o desespero que prejulga a lei por um empirismo medíocre — uma vez que nunca houve uma tentativa justa que não fosse bem-sucedida. Paciência, paciência, acabaremos por vencer. Devemos desconfiar muito dos enganos do

[15] Platão, *Fedro,* 248c. (N. da T.)

elemento temporal. É preciso muito tempo para comer, ou dormir, ou ganhar cem dólares, e muito pouco tempo para entreter uma esperança e uma perspectiva que venham a tornar-se a luz de nossa vida. Nós cuidamos de nosso jardim, fazemos as refeições, discutimos a administração doméstica com a esposa e tais coisas não deixam qualquer impressão, são esquecidas na semana seguinte; mas, na solidão à qual cada homem está sempre retornando, ele possui uma sanidade mental e certas revelações que levará consigo, em sua passagem para novos mundos. Que importa o ridículo, que importa a derrota; novamente de pé, velho coração! — ele parece dizer —, há ainda uma vitória para toda a justiça; e o verdadeiro romance que a existência do mundo tem por fim realizar será a transformação do gênio em poder prático.

Ralph Waldo Emerson

Posfácio

STANLEY CAVELL, OU UMA MODERNIDADE AINDA INABORDÁVEL?

Éric Alliez

Tradução
Bento Prado Jr.

STANLEY CAVELL, OU UMA MODERNIDADE AINDA INABORDÁVEL?

Esta primeira tradução brasileira de um livro de Stanley Cavell — é claro que escolhemos o que nos parecia o mais indispensável, mas outras traduções estão a caminho — há de inscrever-se, por sua vez, no quadro do "efeito Cavell" a que assistimos desde algum tempo nos Estados Unidos e na Europa.

"Efeito Cavell" determinado pela "inquietante estranheza" de um corpus onde o experimentalismo transcendental de Emerson e Thoreau se avizinha de Austin, Wittgenstein (o "segundo" Wittgenstein) e Heidegger (o autor de *O que se chama pensar?*), através de Nietzsche (e Buster Keaton), Shakespeare, do romantismo inglês e da comédia hollywoodiana do "recasamento" — reunidos de maneira improvável ao fio de uma escrita que força a divisão atlântica de nossas tradições culturais a ensaiar os direitos filosóficos de um materialismo lúdico, onde, "se enuncio que o espírito do vento é o vento, quero que me entendam como enunciando algo, não a propósito de um espírito, mas a propósito do vento [...] Nessa maneira de ver as coisas, o espírito do corpo é o corpo [...] Se se tratar — por isso — de behaviorismo disfarçado, então uma estátua não passa também de uma pedra disfarçada"[1].

Ora, para Cavell, este jogo de escrita sobre o espírito do vento, que recusa sua análise lógica ("behaviorista") para abrir-se ao vento do espírito filosófico tal como sopra, exemplarmente, no *Othello* de Shakespeare ("É no espírito de Otelo que vi seu rosto" [I, III, 254]), anunciando o liame interno que une ceticismo e romantismo, recoloca a questão do ceticismo, isto é, a problemática da ameaça cética, enquanto impossibilidade de sua refutação (mas, haveria algo a refutar? — tal poderia ser a chave da passagem do primeiro ao último Wittgenstein) selaria o fim das metafísicas do fundamento. E isto, no fundo,

[1] *The claim of reason. Wittgenstein, skepticism, morality and tragedy*. Oxford University Press, 1979/ *Les voix de la raison, Wittgenstein, le scepticisme, la moralité et la tragédie*. Ed. du Seuil, 1996, p. 575.

pelo menos desde as *Meditações* cartesianas que mostram, à saciedade, que, se a certeza de Deus é abalada, também o será o fundamento da experiência humana e da prática cotidiana...: o que significa transformar o mundo e o espírito de outrem em objetos entre outros. Para compreender que "o ceticismo já traz em si mesmo os estigmas de uma estrutura trágica", será preciso pensar que essa problemática está inteiramente presente nas grandes tragédias shakespeareanas, que precedem apenas de uma geração a formulação da dúvida hiperbólica por Descartes[2].

O leitor já terá, aqui, por sua própria conta, feito uma primeira idéia da maneira pela qual a declaração (e as pretensões: *claim*) de nosso ceticismo pode e deve ser "qualificada" pela escrita de Wittgenstein.

Tal é também o objeto da obra seminal, *Claim of reason*, na retomada incessante da idéia de critério, compreendida, ao arrepio da interpretação convencionalista, como "busca da comunidade" que constitui filosoficamente o cotidiano, e o deslocamento de ênfase conseqüente, das formas de vida para formas de vida [...] (Pois "a boneca não é certamente a forma dos trapos. De que formas se trataria? E se digo que a boneca é a vida dos trapos, esta observação deve também incluir-nos, pelo menos aqueles dentre nós que têm voz no capítulo em sua história. Para participar de sua vida, é preciso que entre em sua história, assumir o espírito [será necessário sublinhar?] em que os conceitos de vida lhe são aplicados"[3].)

Mas, já que evoquei um "efeito Cavell", em que a França está largamente envolvida (o tamanho do esforço de tradução basta para testemunhá-lo), apresso-me em sublinhar que devemos evitar celebrar muito rapidamente nesta filosofia — de que *Claim of reason* representa a primeira fase, teoricamente situada "nos anos 1958-1961", com a tese intitulada *The claim to rationality* defendida em 1961 em Harvard — uma incerta reconciliação entre as tradições continentais de inspiração fenomenológica e analítica, na medida em que a crítica do fundamento, remetida ao fato de que "não existe nenhum senso comum que possa fazer concorrência ao ceticismo" e que "nossa vida cotidiana pode ser compreendida como a expressão de um ceticismo

[2] Cf. *Disowning knowledge in six plays of Shakespeare*, Cambridge University Press, 1987/ *Le déni de savoir dans six pièces de Shakespeare*, Ed. du Seuil, 1993, pp. 16-19.

[3] *Les voix de la raison*, op. cit., pp. 578-9.

em ação"[4] *abala o alicerce comum tomado de empréstimo ao kantismo, sobre o qual são elaboradas essas duas formas de filosofia.* Portanto, o Wittgenstein da análise dos jogos de linguagem e dos conceitos na medida em que são "expressão de nossos interesses" (*Investigações filosóficas*, §570) e o Heidegger leitor de Nietzsche (por sua vez, leitor de Emerson) em perpétuo debate com a filosofia kantiana sobre a questão da "Autonomia" ("Self-reliance") para produzir uma espécie de *Crítica da razão pura* invertida. Pois é a partir de Emerson que é preciso recomeçar, para encontrar um começo que parta em vez de chegar: o que leva Cavell a sublinhar que "o desacordo essencial, comum a Emerson e Thoreau, com Heidegger é que a consumação do humano não requer a habitação e a ancoragem, mas o abandono e a partida"[5], quer dizer *o caminho*, com o filósofo — cito Cavell mais uma vez — como andarilho do pensamento; Emerson fundador de "Uma nova América ainda inabordável", explorador de um Oeste do pensamento que logo será recoberto pelas brumas analíticas dos profissionais do senso comum... É, assim, retornando a Emerson, que se poderá associar a Inglaterra à Alemanha, *como se esses caminhos jamais se tivessem separado*[6], num ciclo cotidiano que será aquele de uma filosofia da vida onde "O pleno meio-dia será minha Inglaterra dos sentidos e do entendimento; a noite será minha Alemanha da filosofia mística e dos sonhos"[7], onde se poderá fazer da soma de seus dias um "dia de festa", já que "Tudo o que conheço é recepção" (Emerson, "Experience") e que "A primeira sabedoria [é] a intuição" (Emerson, "Self-reliance"). Quanto a inscrever a lição de independência de Cavell nessa hipotética trilha pós-analítica que só se reconhece num "estilo", seja naquele de uma argumentação clara e distinta que o definiria *exclusivamente*, seja no de uma conversação cultural generalizada ("pós-filosófica") à maneira de Rorty, sua obscuridade deveria logicamente dissuadir-nos, essa obscuridade tantas vezes denunciada quantas assumida, dessa escrita do "combate de linguagem contra si

[4] "Emerson, Coleridge, Kant". In J. Rachman & C. West. *Post-analytic philosophy*. Columbia University Press, 1985/ *La pensée américaine contemporaine*, PUF, 1991, p. 164.

[5] "Réflexion sur Emerson et Heidegger", *Critique*, n. 399-400, 1980, p. 729.

[6] *Les voix de la raison*, op. cit., p. 17.

[7] R.W. Emerson, *Nature*, citado e comentado em "L'humeur Emerson", *Critique*, n. 541-2, 1992, pp. 440-1.

mesma" (Cavell, a propósito da escrita indireta de Emerson, que ele define como sua *constituição*; assim como aquilo que ele chama de *humor filosófico*, quando a contra-dicção se torna gênese da escrita filosófica). Mais ainda, essa escrita intransitiva, que toma a forma do diário levando a prosa em direção do aforismo, não teme colocar-se sob o signo de Thoreau, afirmando: "Não cheguei suficientemente à obscuridade"; cite-se ainda o comentário espontâneo, cujo objeto é esse comércio com o ordinário de minha condição: "Aí leio a tarefa interrompida que empreendeu ultrapassar o 'eu' que determina com demasiado peso as vias de nossa consciência"[8].

Numa palavra, como diz Lyotard, *se tradição há, é a tradição do inaugurar*[9]. Acrescentaria de minha parte, retomando a pergunta de Cavell "Quantos candidatos há, numa geração, ao papel de representar a filosofia no presente?"(*Esta América nova, ainda inabordável*), que se trata de *inaugurar filosoficamente* Além-Atlântico *algo da ordem do contemporâneo*, numa autonomia que é "aversão da conformidade" ("Self-reliance").

Comentando inúmeras vezes essa frase — "A autonomia (*self-reliance*) é a aversão da conformidade" —, Cavell compreende que Emerson tem a intuição da América no/do pensamento descobrindo ou *encontrando* o fato de que "pensar é fazer virar [...] as palavras da vida ordinária (e, portanto, as formas presentes de nossa vida) que hoje repugnam, ofendem o pensamento[10]. O que equivale a dizer que pensar não é mais *fundar* (ou *desconstruir* o fundamento: para fazê-lo é preciso ter anteriormente identificado a filosofia como sistema à sua fundação unificada), mas muito precisamente encontrar[11]. Pois, que é "encontrar", senão operar a conversão do cotidiano, "do comum, do baixo, do familiar", e perceber o sublime na poesia do ordinário como o cinema sabe fazer[12]? En-

[8] *Les voix de la raison*, op. cit., p. 18, p. 11.

[9] Apresentação da edição francesa de *La pensée americaine contemporaine*, op. cit., p. 12.

[10] *Statuts d'Emerson*, trad. francesa, Ed. de l'Éclat, 1992, p. 9 (primeira publicação em francês).

[11] *Finding/Fouding*, cf. *Esta América nova...*, p. 105.

[12] A comédia do recasamento será caracterizada como "comédia do cotidiano", cf. "A la recherche du bonheur", Ed. de l'Etoile, *Cahiers du cinéma*, 1993, introdução; e "La pensée du cinéma", *Trafic*, n. 19, 1996.

contrar é, portanto, por-se *à busca de um ordinário* que nunca é dado, mas *imaginado* como fazendo parte da linguagem real da vida, "*condicionado*" pela redenção que a vida da linguagem busca na filosofia e, assim, elevado "à linguagem e à vida transfiguradas, como a um cotidiano último"[13]. Onde está envolvida "a inquietante estranheza do ordinário"[14].

Donde podemos concluir com um grupo de três conseqüências em diferentes níveis dessa filosofia como *hermenêutica do presente*:

1. Que só se poderá defender, doravante, uma filosofia da linguagem ordinária se ela não depender de uma defesa do senso comum, no caso, "de um conhecimento ordinário ou daquilo que comumente se chama de conhecimento empírico, mas do conhecimento de si"[15]; que a ocultação do conhecimento de si, operada na filosofia moderna e contemporânea explicaria tanto a identidade filosófica de Emerson como (de) sua herança nietzscheana;

2. Que tomando sua/suas medida(s) na Experiência de Emerson — segundo o título do segundo capítulo de *Esta América nova...* —, e uma vez reconhecido que "uma prosa filosófica não é produzida por argumentos, mas por um argumento produtor de filosofia", a questão do debate entre culturas filosóficas diferentes se transforma no desejo de reconstituir o sentido do acontecimento sublinhando a separação entre a escrita filosófica e a escrita literária, "portanto a clivagem no interior da (de uma) cultura"[16];

3. Que para não se acomodar à distância que nos separaria inevitavelmente de uma conformidade ideal, já que "parece razoável pensar que, na posição original, os parceiros são iguais" (Rawls), a polí-

[13] *Conditions handsome and unhandsome*, University of Chicago Press, 1990/ *Conditions nobles et ignobles*, Ed. de l'Eclat, 1993, p. 73.

[14] "The uncanniness of the ordinary", em *In quest of the ordinary. Lines of skepticism and romanticism*, University of Chicago Press, 1988.

[15] *Les voix de la raison*, op. cit., p. 228; e *Must we mean what we say?*, Cambridge University Press, 1969/1976.

[16] *Les voix de la raison*, op. cit., p. 17; cf. *Le Déni du savoir*, op. cit., pp. 15-16: tal problema, diz Cavell, "quero enfrentá-lo, explorá-lo, experimentá-lo...".

tica supõe, não uma Teoria da justiça que faça o elogio da condição democrática realizada, mas uma Prática da democracia que saiba tornar sua uma postura de aversão face à nossa condição presente; isto porque existe uma posição que "não reivindica nenhum direito particular porque fizeram-na sofrer um *dano particular*, mas o *dano absoluto*"[17].

Mas se há mais do que uma simples coincidência cronológica entre a Constituição de Emerson ("Experience") e a de Marx em 1844 (na *Crítica da filosofia do direito de Hegel*), assim como nota o próprio Cavell, as *condições* da passagem de uma hermenêutica do ceticismo a uma *ontologia constituinte* não estariam elas *de alguma maneira* reunidas, sob o signo da ruptura com este mundo? Em direção a um novo mundo ainda inabordável?

Com o quê nosso destino de Europeus estaria comprometido no e pelo "programa de pesquisa" de Stanley Cavell no reconhecimento de Emerson, se e quando nós formos capazes de reconhecer que "Emerson, fundando o pensamento para a América — descobrindo a América em pensamento — encontra nosso próprio acesso ao pensamento europeu"[18].

Éric Alliez

[17] Marx, *apud Conditions nobles et ignobles*, op. cit., p. 44, p. 186.

[18] "Espoir contre l'espoir", Alocução no Iona College (1985), publicado em apêndice de *Conditions nobles et ignobles*, p. 217.

COLEÇÃO TRANS
direção de Eric Alliez

Para além do mal-entendido de um pretenso "fim da filosofia" intervindo no contexto do que se admite chamar, até em sua alteridade "tecno-científica", a crise da razão; contra um certo destino da tarefa crítica que nos incitaria a escolher entre ecletismo e academismo; no ponto de estranheza onde a experiência tornada *intriga* dá acesso a novas figuras do ser e da verdade... TRANS quer dizer transversalidade das ciências exatas e anexatas, humanas e não humanas, transdisciplinaridade dos problemas. Em suma, transformação numa prática cujo primeiro conteúdo é que há linguagem e que a linguagem nos conduz a dimensões heterogêneas que não têm nada em comum com o processo da metáfora.

A um só tempo arqueológica e construtivista, em todo caso experimental, essa afirmação das indagações voltadas para uma exploração polifônica do real leva a liberar a exigência do conceito da hierarquia das questões admitidas, aguçando o trabalho do pensamento sobre as práticas que articulam os campos do saber e do poder.

Sob a responsabilidade científica do Colégio Internacional de Estudos Filosóficos Transdisciplinares, TRANS vem propor ao público brasileiro numerosas traduções, incluindo textos inéditos. Não por um fascínio pelo Outro, mas por uma preocupação que não hesitaríamos em qualificar de política, se porventura se verificasse que só se forjam instrumentos para uma outra realidade, para uma nova experiência da história e do tempo, ao arriscar-se no horizonte múltiplo das novas formas de racionalidade.

Gilles Deleuze e Félix Guattari
O que é a filosofia?

Félix Guattari
Caosmose - Um novo paradigma estético

Gilles Deleuze
Conversações

Barbara Cassin, Nicole Loraux, Catherine Peschanski
Gregos, bárbaros, estrangeiros - A cidade e seus outros

Pierre Lévy
As tecnologias da inteligência

Paul Virilio
O espaço crítico

Antonio Negri
A anomalia selvagem - Poder e potência em Spinoza

André Parente (org.)
Imagem-máquina - A era das tecnologias do virtual

Bruno Latour
Jamais fomos modernos

Nicole Loraux
A invenção de Atenas

Éric Alliez
A assinatura do mundo - O que é a filosofia de Deleuze e Guattari?

Gilles Deleuze e Félix Guattari
Mil platôs - Capitalismo e esquizofrenia (Vols. 1, 2, 3, 4 e 5)

Maurice de Gandillac
Gêneses da modernidade

Pierre Clastres
Crônica do índios Guayaki

Jacques Rancière
Políticas da escrita

Jean-Pierre Faye
A razão narrativa

Monique David-Ménard
A loucura na razão pura

Jacques Rancière
O desentendimento - Política e filosofia

Éric Alliez
Da impossibilidade da fenomenologia

Michael Hardt
Gilles Deleuze - Um aprendizado em filosofia

Éric Alliez
Deleuze filosofia virtual

Pierre Lévy
O que é o virtual?

François Jullien
Figuras da imanência

Gilles Deleuze
Crítica e clínica

Stanley Cavell
Esta América nova, ainda inabordável

Este livro foi composto em Sabon pela Bracher & Malta, com fotolitos do Bureau 34 e impresso pela Bartira Gráfica e Editora em papel Pólen Soft 80 g/m² da Cia. Suzano de Papel e Celulose para a Editora 34, em setembro de 1997.